Copyright ©	Für die deutsche Ausgabe Verlag Zabert Sandmann, München 1. Auflage 1996
Copyright ©	by Édition Albin Michel, S.A., 1995 Titel der französischen Originalausgabe: L'Alsace Gourmande de Marc Haeberlin
Redaktion	Gertrud Köhn Christina Kempe
Graphische Gestaltung/DTP	Georg Feigl
Umschlaggestaltung	ZERO, München
Herstellung	Peter Karg-Cordes
Lithographie	inteca Media Service GmbH, Rosenheim
Druck und Bindung	Mohndruck, Gütersloh
ISBN	3-924678-86-3

MARC HAEBERLIN

Rezepte aus dem Elsaß

*In Zusammenarbeit mit
Elisabeth Scotto*

*Fotografiert von
Jean-Jacques Magis*

*Aus dem Französischen übersetzt von
Angelika Schlenk*

Suppen

Suppen und Brühen spielen in der elsässischen Küche eine große Rolle. Kein Menü beginnt ohne Suppe. Eine meiner frühesten kulinarischen Erinnerungen kommt mir dabei in den Sinn: Meine Eltern brachten meine Schwester und mich sonntags oft nach Wihr-en-Plaine auf den Bauernhof meiner Großmutter mütterlicherseits. Schon auf der Türschwelle lief uns das Wasser im Munde zusammen: Es duftete nach Reis-Gemüse-Suppe. Vor dem Servieren ging unsere Großmutter immer noch einmal in den Garten, um Schnittlauch oder Kerbel zu holen, die der Suppe ein unvergleichliches Aroma verliehen. Das Essen ging weiter mit herrlich panierten und in Schmalz gebratenen Wiener Kalbsschnitzeln und endete mit einem süßen, zartschaumigen Omelett. Großmutter war meine erste Lehrmeisterin, die meinen Sinn für Geschmack schärfte.

Aus dieser glücklichen Zeit stammt meine unmäßige Vorliebe für Suppen. Sie können ganz einfach sein, dürfen aber immer nur aus guten Zutaten zubereitet werden... Ich verfeinere sie auch gerne: eine Linsensuppe mit gebratenen Stopfleberwürfelchen, einigen Trüffelstreifen, etwas Kaviar...

Mittagspause bei der Weinlese

Kressesamtsuppe mit Perlgraupen und Kalbsbries

FÜR 6 PERSONEN

1 Bund Brunnenkresse

200 g blanchiertes Kalbsbries

2 l Geflügelfond (S. 135)

1/4 l Sahne

100 g Perlgraupen

2 Eigelb • 1 Schalotte

50 g Butter • Salz, Pfeffer

Die Kresse waschen und abtropfen lassen. Einen halben Bund beiseite stellen, den Rest mit den Stengeln grob hacken. Die Schalotte schälen und fein hacken.

25 g Butter in einem 4-Liter-Topf zerlassen und die Schalotte und die gehackte Kresse darin unter Rühren 2 Minuten andünsten. Den Geflügelfond dazugießen, nach dem ersten Aufkochen die Hitze reduzieren und 30 Minuten leise köcheln lassen.

In der Zwischenzeit in einem großen Topf Wasser zum Kochen bringen und die Perlgraupen darin 30 Minuten ziehen (nicht kochen) lassen.

Das Kalbsbries in etwa 1/2 cm große Würfel schneiden, salzen und pfeffern. Die restliche Butter in einer Pfanne von 24 cm Durchmesser zerlassen und die Kalbsbrieswürfel darin kurz goldbraun braten. Auf Küchenpapier abtropfen lassen und beiseite stellen.

Die restliche Kresse von den Stielen zupfen und in feine Streifen schneiden.

Sobald die Perlgraupen fertiggegart sind, abgießen, unter fließendem kalten Wasser abschrecken und abtropfen lassen.

Die Suppe nach 30 Minuten in eine Rührschüssel gießen und mit dem Mixer pürieren. Anschließend durch ein feines Sieb wieder in den Topf zurückgießen und erhitzen.

Eigelb und Sahne in einer Schüssel verquirlen und diese Mischung unter die Suppe rühren. Unter ständigem Rühren weiter erhitzen, bis die Suppe schön samtig ist. Mit Salz und Pfeffer abschmecken.

Kalbsbries, Kressestreifen und Perlgraupen zufügen. Bei geringer Hitze 3 Minuten unter Rühren erwärmen. Die Suppe auf sechs vorgewärmte Teller verteilen. Sie muß heiß gegessen werden.

Austernsuppe mit Brunnenkresse

FÜR 6 PERSONEN

1 Bund Brunnenkresse

46 Austern (z. B. Fines de Claires, Spéciales)

1 l Fischfond

1/4 l Sahne

1/4 l Riesling

3 Eigelb • 4 Schalotten

Salz, Pfeffer • 100 g Butter

1 EL Mehlbutter

Kerbelblättchen

Die Austern nacheinander öffnen, abtropfen lassen und den Saft auffangen.
Schalotten schälen und hacken, die Kresse in feine Streifen schneiden. Die Butter zerlassen und Schalotten und Kresse (etwas für die Dekoration zurückbehalten) darin andünsten. Austernsaft und 10 ausgelöste Austern dazugeben. Mit Fischfond und Riesling aufgießen, salzen und pfeffern und ungefähr 15 Minuten kochen lassen. Die Mehlbutter dazugeben und weitere 5 Minuten kochen. Die Suppe im Mixer pürieren, dann durch ein feines Sieb in einen Topf passieren.
Sahne und Eigelb in einer kleinen Schüssel verquirlen und unter Rühren mit dem Schneebesen unter die heiße Suppe mischen. Nicht mehr kochen lassen. Abschmecken.
Auf jeden Teller 6 ausgelöste, rohe Austern setzen und mit der heißen Suppe begießen. Mit Kerbelblättchen und der zurückbehaltenen Kresse bestreuen.

Gänsekraftbrühe mit Kürbis und Kräuter-Gänseschmalz-Klößen

Ich nehme für die Klöße immer ungesäuertes Brot, das sehr trocken und aromatisch ist. Aus der gekochten Gans bereite ich einen Salat mit rohem Sauerkraut, Gänseleber und Speck zu (S. 36).

FÜR 6 PERSONEN

1 Gans (mit Innereien; Hals und Flügel abgetrennt)
4 l heller Geflügelfond (S. 135)
1 Kräutersträußchen • 1 1/2 kg Kürbis
250 g Knollensellerie • 2 mittelgroße Möhren
2 Knoblauchzehen • 1 Lauchstange
6 Petersilienstengel • Salz, Pfeffer

FÜR DIE KLÖSSCHEN:
150 g Gänseschmalz
150 g ungesäuertes Brot
2 Eier • 4 Eigelb
4 Petersilienzweige • 6 Schnittlauchstengel
6 Msp geriebene Muskatnuß
Salz, Pfeffer

200 ml Geflügelfond zum Kochen bringen. Den Kürbis schälen und das Fruchtfleisch mit einem olivengroßen Kugelausstecher ausstechen. Die Bällchen in den siedenden Geflügelfond geben und 2 Minuten pochieren. Abgießen und beiseite stellen.

Möhren, Sellerieknolle und Lauch schälen, waschen und in Streifen schneiden. Die Knoblauchzehen schälen. Die Gans mit Innereien, Hals und Flügeln in einen großen Schmortopf legen. Gemüse, Knoblauch, Kräutersträußchen und Petersilienzweige zugeben. Mit dem Geflügelfond aufgießen, bis alles gut bedeckt ist, und zum Kochen bringen. 2 1/2 Stunden bei geringer Hitze schmoren lassen.

In der Zwischenzeit die Klößchen zubereiten: Das Gänseschmalz zerlassen und in den Mixer der Küchenmaschine füllen. Das ungesäuerte Brot, Eier und Eigelb, die abgezupften Petersilienblätter, den grob geschnittenen Schnittlauch, Salz, Pfeffer und Muskatnuß zugeben. 3 Minuten im Mixer pürieren, bis eine feine Paste entstanden ist. Für 1 Stunde in den Kühlschrank stellen.

Wenn die Gans fertiggegart ist, aus der Brühe nehmen, abtropfen lassen und für ein anderes Gericht verwenden. Brühe durch ein feines Sieb abgießen. Aus der gut gekühlten Gänseschmalzmasse kleine Klößchen formen und in die kochende Brühe geben. 10 Minuten kurz unter dem Siedepunkt garen, dann in etwas Brühe zusammen mit dem Kürbis warm halten. Den Kochsud entfetten: Dafür das oben schwimmende Fett entweder mit einem Schöpflöffel abschöpfen oder mit Küchenpapier aufsaugen. Klößchen und Kürbiswürfel auf sechs Teller verteilen und die heiße entfettete Brühe darauf geben. Sofort servieren.

Kartoffel-Lauch-Suppe mit frischer schwarzer Trüffel

Trüffel, Lauch und Kartoffel: die gelungene Verbindung dreier Wunderwerke von Mutter Erde, auch wenn man heute in unserer Gegend keine Trüffel mehr findet.

FÜR 4 PERSONEN

2 mittelgroße Lauchstangen
4 mittelgroße Kartoffeln
1 frische Trüffel (20 g) • 1 kleine Zwiebel
1/4 l Sahne • 50 g Butter
Salz, Pfeffer

Die Zwiebel schälen und sehr fein hacken. Lauchstangen waschen, trockentupfen und Lauch fein hacken. Die Kartoffeln schälen und in große Würfel schneiden.

Die Butter in einem gußeisernen 4-Liter-Topf zerlassen und Zwiebel und Lauch zugeben. Unter ständigem Rühren ungefähr 3 Minuten glasig dünsten. 1 1/2 Liter Wasser aufgießen und die Kartoffeln zufügen. Salzen, pfeffern und ungefähr 20 Minuten kochen lassen, bis das Gemüse schön weich ist.

Das Gemüse nun mit dem Schneebesen gut durchrühren, bis nur noch kleine Stückchen vorhanden sind. Nicht den Mixer verwenden, sonst bindet die Suppe zu stark und verliert dadurch ihren rustikalen Effekt.

Die Creme in einen Kochtopf füllen und zum Kochen bringen. Die Trüffel fein reiben und zugeben. Den Topf vom Herd nehmen und die Suppe sofort servieren, so kann man das volle Aroma der Trüffel am besten genießen.

Flußkrebssuppe mit Kräutern und Gewürzen

Ich bin dem Küchenchef Gunther Wancke vom Hotel Erbprinz in Ettlingen dafür dankbar, daß er mir diese Zubereitungsart für Krebse gezeigt hat.

FÜR 4 PERSONEN

1 kg lebende Flußkrebse

250 g Knollensellerie

2 große Möhren • 2 Lauchstangen

4 reife Tomaten • 2 EL Cognac

1 l Geflügelfond (S. 135)

200 ml trockener Weißwein

1 Thymianzweig • 1 Lorbeerblatt

1 Knoblauchzehe

1 Scheibe frischer Ingwer

1 EL feingehackte Kräuter (z. B. Schnittlauch, Kerbel, Petersilie)

4 EL Olivenöl • 250 g kalte Butter

Salz, Pfefferkörner

Es ist völlig unnötig, die Krebse leiden zu lassen, indem man sie lebendig auseinanderschneidet (in Deutschland ist dies verboten). Man muß sie auch nicht einen nach dem anderen in kochendes Wasser werfen, so daß der erste zerkocht und der letzte noch roh ist! Am besten blanchiert man die Flußkrebse 2 Minuten in kochendem Wasser, gießt sie dann ab und läßt sie lauwarm abkühlen. Die Krebse schälen, Köpfe und Schalen aufbewahren.

Das Gemüse schälen, waschen und in kleine Würfel schneiden.

Das Olivenöl in einer großen Bratpfanne erhitzen. Krebsköpfe und -schalen zugeben und 2 Minuten anbraten. Möhren, ein Viertel vom Sellerie, die Hälfte vom Lauch, die Tomaten, die geschälte Knoblauchzehe, Ingwer, Thymian und Lorbeerblatt zugeben. Alles 2 Minuten gut durchrühren, dann mit dem Cognac flambieren. Mit Weißwein ablöschen und gut weiterrühren. Wenn der Wein verkocht ist, den Geflügelfond dazugießen. Bei geringer Hitze 15 Minuten kochen lassen. Die Brühe durch ein feines Sieb abgießen und in einer Kasserolle beiseite stellen.

50 g Butter in der Bratpfanne zerlassen und das restliche Gemüse darin andünsten. Die Krebsschwänze dazugeben und die heiße Brühe darübergießen. Gut vermischen und bei geringer Hitze erwärmen. Wenn die Brühe heiß ist, den Topf vom Herd nehmen und die in Flöckchen geschnittene Butter einarbeiten. Dabei ohne Unterbrechung rühren.

Kräuter dazugeben, alles durchrühren und die Suppe sofort in vorgewärmten Tellern anrichten. Dieses Rezept können Sie auch mit anderen Krustentieren ausprobieren.

Vorspeisen

Zweifellos ist die Stopfleber eine unserer berühmtesten Vorspeisen. Bekannt und heißbegehrt ist sie in aller Welt, das Rezept dafür wurde von Jean-Pierre Clause, dem Koch von Marschall de Contades, kreiert. Er hatte als erster die Idee, einen Mantel aus Blätterteig herzustellen und damit ganze Lebern und eine feine Farce aus Kalbfleisch und Speck einzuhüllen. Nachdem dieses Gericht sehr großen Erfolg hatte, wurde es schließlich noch von François Doyen, einem Koch aus dem Périgord, der sich im Elsaß niedergelassen hatte, mit Trüffeln verfeinert. Zur damaligen Zeit gab es in den Wäldern um Hardt noch sehr viele Trüffel. Es ist also der Freundschaft zweier Männer zu verdanken, daß es heute diese »Pâté« gibt, die ihrer zylindrischen Form wegen so genannt wird. Die Idee, die Leberlappen direkt in die Terrinenform zu schichten, ist noch nicht so alt.

Stolz sind die Elsässer aber auch auf ihre Wurstwaren. Die Liste der Köstlichkeiten ist lang: Sie reicht von der einfachen Straßburger Wurst bis zur hervorragenden Leberwurst, die auf knuspriges Brot gestrichen wird. Überall im Elsaß findet man feine Wurstwaren, die als Vorspeise zusammen mit Meerrettichsauce und verschiedenen rohen Gemüsen wie Knollensellerie, Möhren und Tomaten serviert werden.

Flammenkuchen

Die besten Flammenkuchen findet man in Kintzheim im Unterelsaß – der Gegend, aus der das Originalrezept kommt – in der Auberge Saint-Martin oder in Pfulgriesheim nördlich von Straßburg. Flammenkuchen sind hervorragend geeignet als Amuse-bouche oder zum Aperitif. Früher besaß jeder Bauernhof seinen eigenen Holzofen und dort wurde einmal wöchentlich Brot gebacken. Um die optimale Temperatur von 300 Grad zu erreichen, mußte man den Ofen zuvor auf 450 Grad aufheizen. Bei dieser Temperatur wurden die feinen Galettes aus Brotteig, belegt mit Sahne, Zwiebeln und Speck, gebacken. Paul Bocuse hat sie »elsässische Pizzen« getauft. Die starke Hitze verbrennt leicht die Teigränder, daher der Name »Flammenkuchen«. Wenn die Temperatur dann auf 300 Grad abgesunken war, wurde das Brot gebacken, bei 180 Grad der Tortenbiskuit und anderer Biskuitteig. Bei 120 Grad wurden die Baisers in den Ofen geschoben und durften dort die ganze Nacht verbringen.

FÜR 4 PERSONEN

400 g Brotteig (Teigart nach Geschmack, beim Bäcker kaufen)
200 g Quark (40 % Fett i. Tr.)
5 EL Crème fraîche
150 g geräucherter Speck
100 g Zwiebeln
1 Eigelb • 1 Msp gemahlene Muskatnuß
Salz, Pfeffer

Den Ofen auf 300 Grad vorheizen. Den Teig mit dem Nudelholz sehr dünn ausrollen und vier Kreise von 10 cm Durchmesser ausschneiden. Die Teigplatten auf ein vorbereitetes Backblech legen.
Die Zwiebeln schälen, hacken und in eine Kasserolle geben. Mit kaltem Wasser bedecken und kurz zum Kochen bringen. Abgießen und mit kaltem Wasser abschrecken. Den Speck in kleine Würfel schneiden.
Quark, Crème fraîche und das Eigelb mit dem Schneebesen verrühren. Salz, Pfeffer und Muskatnuß dazugeben.
Den Teig mit der Quarkmischung bestreichen und Zwiebeln und Speckwürfel darauf verteilen. Im heißen Ofen 6 Minuten backen. Sehr heiß servieren.

In dieser kleinen Dorfbäckerei laden Brezeln und phantasievoll geformtes Brot zum Eintreten ein

Thymian und Lorbeerblatt in den Topf geben und zum Kochen bringen. 1 1/2 Stunden kochen. Anschließend das Fleisch in der Brühe abkühlen lassen.

Am nächsten Tag die Kartoffeln in Salzwasser garen. 1 Liter Brühe von der Schweineschulter in einen Topf abgießen und zum Kochen bringen. Die Gelatine zugeben, gut durchrühren und die Brühe abkühlen lassen. Die gehackte Petersilie untermischen.

Den Knochen der Schweineschulter auslösen und das Fleisch in 4 mm dicke Scheiben schneiden. Die fertiggegarten Kartoffeln abkühlen lassen, schälen und in ebenso dünne Scheiben schneiden wie das Fleisch.

Eine 28 cm lange Terrinenform mit Klarsichtfolie auslegen und eine dünne Schicht Petersiliengelee einfüllen. Nun abwechselnd Fleisch, Kartoffeln und Gelee einschichten, dabei mit einer Geleeschicht abschließen. Die Schichten fest zusammendrücken und die Terrine mit Klarsichtfolie bedeckt sechs Stunden in den Kühlschrank stellen.

Kurz vor dem Servieren die Meerrettichsauce zubereiten: Die Sahne in einer großen, gekühlten Schüssel schaumig aufschlagen. Salz, Pfeffer, Essig und Meerrettich untermischen.

Die Terrine vor dem Servieren in Scheiben schneiden, Sauce und getoastetes Weißbrot getrennt dazu reichen.

Blutwurst mit Äpfeln und Zwiebeln im Blätterteig

FÜR 4 PERSONEN

4 Blutwürste

3 Äpfel (z. B. Cox Orangen Renette)

2 große Zwiebeln

400 g Blätterteig

40 g Butter, 1 Msp Thymianblüten

1 Msp Zucker

Salz, Pfeffer

1 Ei zum Bestreichen

Den Ofen auf 180 Grad vorheizen. Die Äpfel schälen und vierteln. Die Hälfte der Butter in einer beschichteten Pfanne von 28 cm Durchmesser zerlassen, die Apfelviertel zugeben, mit dem Zucker bestreuen und goldbraun braten. Ungefähr 10 Minuten garen, dann auf einem Teller beiseite stellen.

Die Zwiebeln schälen und fein hacken. In derselben Pfanne mit der restlichen Butter goldbraun rösten und mit den Thymianblüten bestreuen. Auf einem anderen Teller beiseite stellen.

Die Blutwürste mehrere Male mit einer Gabel einstechen und 5 Minuten in siedendem Wasser pochieren. Abtropfen und lauwarm abkühlen lassen. Die Haut abziehen.

Den Blätterteig 5 mm dick ausrollen und in zwei Rechtecke schneiden. Auf ein Rechteck vier Apfelhäuflein setzen, darauf jeweils eine Blutwurst legen und mit Zwiebeln bedecken.

Mit dem zweiten Blätterteigrechteck bedecken und in vier Blätterteigtaschen schneiden. Mit dem verquirlten Ei bestreichen. Ein Backblech mit Wasser benetzen, die Blätterteigtaschen darauf setzen und 15 bis 20 Minuten im Ofen backen, bis der Blätterteig goldbraun und schön aufgegangen ist. Endiviensalat mit einer Schalotten-Knoblauch-Vinaigrette vermischen und die Blätterteigtaschen heiß dazu servieren.

• • • • • • • • • • • • • • • • • • • •

Salat mit Rehfilet und Waldpilzen

In den Vogesen wachsen viele Preiselbeeren. Sie passen sehr gut zu Wildgerichten und verleihen ihnen die erforderliche säuerliche Note.

FÜR 6 PERSONEN

800 g Rehfilet (küchenfertig, ohne Knochen)
200 g geputzte frische Pfifferlinge
3 EL eingemachte Preiselbeeren
6 Scheiben frische Gänseleber (je 60 g)
2 Äpfel (z. B. Golden Delicious)
500 g gemischter Salat (z. B. Feldsalat, Friséesalat, Eichblattsalat)
150 g kalte Butter
1 Schalotte
1/4 l Wildfond (S. 135)
2 EL Sherry-Essig • 2 EL Olivenöl
Salz, Pfeffer

Olivenöl in einer Pfanne erhitzen und das Rehfilet darin von beiden Seiten je 5 Minuten goldbraun braten. In Alufolie wickeln und etwa 15 Minuten ruhen lassen.

Die Schalotte schälen und fein hacken. 10 g Butter in einer beschichteten Pfanne zerlassen und die Schalotte darin unter ständigem Rühren anschwitzen. Die Pfifferlinge zugeben, salzen und pfeffern und 3 Minuten zugedeckt köcheln lassen. Abgießen und den Saft auffangen. Die Äpfel schälen, entkernen und in kleine Würfel schneiden. 20 g Butter in der Pfanne zerlassen und die Apfelwürfel darin 5 Minuten anbräunen.

Den Bratensaft der Pfifferlinge in den Mixer geben und Essig und Wildfond hinzufügen. Salzen und pfeffern und die restliche kalte Butter zugeben. 1 Minute mixen und beiseite stellen.

Den Salat waschen, trockenschleudern und auf sechs Teller verteilen. Das Rehfilet in feine Scheiben schneiden und kranzförmig auf den Tellern anrichten. Mit Apfelwürfeln und abgetropften Preiselbeeren bestreuen.

Die Leberscheiben salzen und pfeffern und in einer Pfanne von beiden Seiten je 30 Sekunden braten. In der Mitte der Teller anrichten. Die Salatsauce über den Salat träufeln. Alles sofort servieren.

Waldlandschaft in den Hohen Vogesen

Spargel im Blätterteig mit frischen Morcheln und Rühreiern

Von April bis Mai gibt es in den Wäldern am Rhein Morcheln im Überfluß. Diese unvergleichlichen aromaintensiven Pilze werden täglich von zahlreichen Pilzsammlern in die Auberge gebracht.

FÜR 4 PERSONEN

250 g Blätterteig

1 kg Spargel (dicke Stangen)

250 g frische Morcheln

6 Eier

1/2 l Sahne

50 g Butter

1 Schalotte

Salz, Pfeffer

1 Ei zum Bestreichen

Den Blätterteig 5 mm dick ausrollen und vier Rechtecke von 15 x 10 cm ausschneiden. Ein Backblech mit Wasser befeuchten. Die Blätterteigplatten darauf legen und ca. 1 Stunde ruhen lassen.

Den Backofen auf 210 Grad vorheizen. Die Eier in einer Schüssel mit 2 Eßlöffeln Sahne verquirlen und vorsichtig salzen und pfeffern. Beiseite stellen.

Den Spargel schälen, 12 cm unterhalb der Spitzen abschneiden und mit Küchengarn zu Spargelbunden zusammenbinden. Aufrecht stehend in kochendem Salzwasser garen, bis die Spargelstangen schön zart sind. Abgießen und warm halten.

Die Morcheln halbieren und unter fließendem kalten Wasser waschen. Die Schalotte schälen und fein hacken. 20 g Butter in einer beschichteten Bratpfanne von 24 cm Durchmesser zerlassen und die Schalotte zugeben. Bei geringer Hitze 2 Minuten andünsten, dann die Morcheln hinzufügen. Zugedeckt 2 Minuten kochen, die Morcheln abgießen und warm halten. Die restliche Sahne in die Pfanne gießen und auf die Hälfte einkochen lassen. Salzen und pfeffern, die Morcheln wieder dazugeben und gut verrühren. Die restliche Butter mit dem Schneebesen untermischen. Beiseite stellen und bei geringer Hitze warm halten.

Die Blätterteigplatten mit einem verquirlten Ei bestreichen. Wenn der Ofen heiß genug ist, das Backblech hineinschieben und den Blätterteig ungefähr 10 Minuten backen.

Die Eier verquirlen und im Wasserbad ungefähr 10 Minuten garen, dabei ständig rühren. Die fertiggebackenen Blätterteigschnitten quer halbieren. Die unteren Hälften auf vier Teller verteilen und mit Rührei garnieren. Den Spargel darauf anrichten und mit der Morchelsahnesauce begießen. Die obere Blätterteighälfte darauf setzen und jeden Teller noch einmal für 30 Sekunden in den heißen Ofen schieben. Sofort servieren.

Gänsebrustsalat mit grünen Linsen und Gänsestopfleber

Hier werden so noble Zutaten wie Gänsebrust und Stopfleber mit der bescheidenen Linse vereint. Angemacht wird der Salat mit dem geschmacklich neutralen Traubenkernöl, das die Aromen dieses Gerichts besonders gut zur Geltung bringt.

FÜR 6 PERSONEN

300 g gemischter Salat (z. B. Frisée, Eichblatt, Lollo rosso)
180 g grüne Puy-Linsen
1 frische Gänsebrust
6 Scheiben rohe Gänsestopfleber (je 30 g)
6 EL Traubenkernöl
4 EL Weinessig
1 Schalotte
1/4 l Geflügelfond (S. 135)
Schnittlauch • Kerbel
1 EL scharfer Senf (z. B. Moutarde de Dijon)
Salz, Pfeffer

Die Linsen verlesen und 6 Stunden in reichlich kaltem Wasser einweichen.

Die Linsen abgießen, in ungesalzenes kochendes Wasser geben und 30 Minuten kochen. Abtropfen lassen.

Die Vinaigrette zubereiten: Die Schalotte schälen und zusammen mit Geflügelfond, Öl, Essig und Senf in einen Mixer geben. Salzen und pfeffern und 1 Minute pürieren. Die noch heißen Linsen mit der Hälfte der Vinaigrette vermischen.

Die Gänsebrust in einer trockenen Pfanne von beiden Seiten je 3 Minuten braten, dann 10 Minuten ruhen lassen.

Die Salate waschen und trockenschleudern. Auf sechs Tellern anrichten, in die Mitte jeweils Linsen geben. Die Gänsebrust in feine Streifen schneiden und um die Linsen herum anrichten.

Die Gänseleberscheiben von beiden Seiten je 30 Sekunden unter dem heißen Grill braten. Auf die Mitte der Teller setzen und mit der restlichen Vinaigrette beträufeln. Den Salat mit Kerbelblättchen und Schnittlauchröllchen garnieren und sofort servieren.

Zu Füßen des Schlosses Haut-Kœnisbourg liegt das Dorf Bergheim

Lauwarmer Salat von Schweinebäckchen auf Linsen mit Gänseleber

Das zarteste, aromatischste und leckerste Fleisch vom Schwein sind die geleehaltigen Bäckchen. Zögern Sie nicht, sie bei Ihrem Metzger zu bestellen, sie sind einzigartig im Geschmack. Ersetzen sollten Sie sie höchstens durch Rinderbäckchen!

FÜR 4 PERSONEN

8 Schweinebäckchen (ersatzweise 2 Rinderbäckchen)
350 g rohe Gänseleber
250 g grüne Puy-Linsen
100 ml trockener Weißwein
1 Zwiebel • 1 Möhre
200 g Knollensellerie
1 Kräutersträußchen
4 Kerbelzweige
1 Schalotte • 1 EL Senf
3 EL Weinessig
8 EL Erdnußöl • 4 EL Olivenöl
Mehl • 1/2 Knoblauchzehe
Salz, Pfeffer

ZUM ANRICHTEN:
einige Endiviensalat- oder Löwenzahnblätter

Die Linsen verlesen und 6 Stunden in reichlich kaltem Wasser einweichen.

Am nächsten Tag die Schweinebäckchen in einen großen Schmortopf legen. Weißwein, geschälte Möhre und Zwiebel, Sellerie und das Kräutersträußchen dazugeben. Mit reichlich kaltem Wasser bedecken und zum Kochen bringen. 1 1/2 Stunden leise köcheln lassen, dabei zu Beginn einmal abschäumen, salzen und pfeffern.

Wenn die Schweinebäckchen gar sind, herausnehmen und abkühlen lassen. Die Linsen abgießen und im Kochsud der Schweinebäckchen 30 Minuten kochen. Abgießen und Kräutersträußchen, Sellerie, Zwiebel und Möhre entfernen.

Die Vinaigrette zubereiten: Schalotte und Knoblauchzehe schälen und in einen Mixer geben. 6 Eßlöffel Erdnußöl, das Olivenöl und den Senf dazugeben, salzen und pfeffern und so lange mixen, bis die Vinaigrette schön gebunden ist. Die Linsen mit der Hälfte der Vinaigrette vermischen.

Jedes Schweinebäckchen in vier Scheiben, die Leber in vier Schnitzel schneiden. Das restliche Erdnußöl in einer beschichteten Pfanne von 24 cm Durchmesser erhitzen. Die Leberscheiben salzen, pfeffern und leicht mit Mehl bestäuben. Von beiden Seiten je 1 Minute im heißen Öl braten.

Salatblätter und Linsen auf vier Teller verteilen. Die Schweinebäckchen darauf anrichten und mit der restlichen Vinaigrette beträufeln. Auf jeden Teller noch eine gebratene Gänseleberscheibe legen und mit ein paar Kerbelzweigen garnieren. Sofort servieren.

Kartoffelsalat mit Löwenzahnblättern und zwei Heringen

Der einzige Seefisch, der früher im Elsaß verzehrt wurde, war der Hering – und der kam geräuchert als »Bückling« auf den Tisch. Erst später war er gepökelt im Handel erhältlich, und schließlich wurde er auch frisch angeboten.

FÜR 4 PERSONEN

1 geräucherter Hering (Bückling)
1 frischer Hering
4 mittelgroße Kartoffeln (z. B. Bintje)
150 g Löwenzahnsalat (geputzt und gewaschen)
4 Eier • 200 ml Olivenöl
3 EL Weinessig
1 Knoblauchzehe • 1 Schalotte
1 EL scharfer Senf
Salz, Pfeffer

Die Kartoffeln schälen und in 1 cm große Würfel schneiden. In 100 ml Olivenöl zusammen mit der ganzen, geschälten Knoblauchzehe ungefähr 10 Minuten braten, bis sie goldgelb sind. Warm halten.
In der Zwischenzeit die Heringe filetieren. Die Bücklingfilets in kleine Rauten schneiden. Die frischen Heringsfilets halbieren und 2 Minuten in der Pfanne anbraten, in der die Kartoffeln zubereitet wurden.
Die Eier 3 Minuten in siedendem Wasser pochieren, dem ein Eßlöffel Essig zugegeben wurde. Abgießen und warm halten.
Die Vinaigrette zubereiten: Die Schalotte schälen und mit Senf, restlichem Öl und Essig in einen Mixer geben. Salzen und pfeffern und 1 Minute mixen. Löwenzahnsalat und Vinaigrette miteinander vermischen. Die Bücklingsstückchen und die heißen Kartoffeln zugeben und nochmals vermischen.
Den Salat auf vier Teller verteilen. In die Mitte die pochierten Eier und die frischen Heringsfilets setzen, mit ein paar Kerbelzweigen garnieren und sofort servieren.
Wichtig ist, daß alle Salatzutaten lauwarm sind. Am besten zugedeckt warm halten, beispielsweise auf einen Topf mit kochendem Wasser stellen.

Salat von der Gans mit rohem Sauerkraut, Gänseleber und Speck

Der »Melfor-Essig« ist ein typisch elsässischer Weinessig mit nur 3,8 Prozent Säure. Er ist mit Honig angereichert und schmeckt sehr mild.

FÜR 6 PERSONEN

1 gekochte Gans (siehe Rezept Gänsekraftbrühe, S. 15)
500 g rohes Sauerkraut
6 Gänseleberschnitzel (je 60 g)

300 g gemischter Salat (z. B. Friséesalat,
Feldsalat, Chicorée)
1 Schalotte
100 g geräucherter Speck
1 Msp gemahlener Kümmel
1 Msp gemahlener Koriander
3 EL Melfor-Weinessig
200 ml Erdnußöl
200 ml Gänsefond (restliche
Gänsekraftbrühe)
1 EL scharfer Senf
2 cl Olivenöl • 3 Kerbelzweige
2 EL Schnittlauchröllchen
Mehl • Salz, Pfeffer
2 EL Erdnußöl zum Braten der Gänseleber

Die Gans entbeinen, das Fleisch der Brüste in feine Streifen, die Keulen in 1/2 cm große Würfel schneiden.

Vom Speck die Schwarte entfernen und den Speck in feine Streifen schneiden. Die Schalotte schälen und fein hacken. Das Sauerkraut waschen und gut abtropfen lassen. Die Salate waschen und trockenschleudern. Vom Kerbel die Blättchen abzupfen.

Erdnußöl, Essig, Senf und Gänsefond in eine Rührschüssel geben und so lange mit den Schneebesen des Handrührgeräts verrühren, bis die Sauce eine sämige Konsistenz hat.

Das Olivenöl in einer Pfanne erhitzen und die Schalotte und den Speck darin andünsten. Das Sauerkraut dazugeben und unterrühren. Salz, Pfeffer, Koriander und Kümmel hinzufügen und bei schwacher Hitze 5 Minuten verrühren. Vom Herd nehmen und die Gänsekeulenwürfel unter das Sauerkraut mischen.

Die Salate auf sechs Teller verteilen und in der Mitte mit dem kurzgebratenen Sauerkraut garnieren. Mit der Vinaigrette beträufeln. Das Sauerkraut mit den Gänsebruststreifen umkränzen.

Die Gänseleberschnitzel salzen, pfeffern und leicht mit Mehl bestäuben. Das Öl in einer großen Pfanne erhitzen und die Leberschnitzel darin von jeder Seite 30 Sekunden braten. Jeweils in der Mitte des Tellers auf dem Sauerkraut anrichten und mit Kerbel und Schnittlauch bestreuen. Sofort servieren.

Räucherlachs

Bevor der Lachs geräuchert wird, wird er mit Salz und Zucker gewürzt und in Öl mariniert. Dadurch bekommt das Fleisch eine ganz besondere Konsistenz und einen außergewöhnlichen Geschmack.

FÜR 10 BIS 15 PERSONEN

1 frisches Lachsfilet aus Schottland oder
Norwegen (etwa 3 kg, mit Haut)
500 g grobes Meersalz
130 g Zucker
20 g Pfefferkörner
2 EL Korianderkörner
1/2 l Erdnußöl
1/2 l Olivenöl
3 Dillzweige
einige Petersilienzweige

ZUM RÄUCHERN:
Sägemehl von Birke oder Buche
Räucherofen (im Handel gibt es mittlerweile kleine, preiswerte Räucheröfen) oder Holzkohlengrill mit Deckel

Lachsfilet mit der Haut nach unten auf eine große Platte legen und mit einer Mischung aus Salz und Zucker bedecken. 24 Stunden im Kühlschrank marinieren.
Den Lachs nun für eine Stunde zum Entsalzen in kaltes Wasser legen, dann trockentupfen. Die beiden Öle, Koriander- und Pfefferkörner und die grob zerkleinerten Dill- und Petersilienzweige miteinander vermischen. Den Lachs mit der Mischung übergießen und 24 Stunden im Kühlschrank marinieren.
Dann das Lachsfilet abtropfen lassen und trockentupfen. Das Sägemehl in das dafür vorgesehene Fach unter dem Räucherofen einfüllen, mit etwas Brennspiritus beträufeln und das Fach wieder schließen. Das gut abgetupfte Lachsfilet auf den Rost legen und je nach Dicke des Filets 1 1/2 bis 2 Stunden räuchern. Im Freien kann man zum Räuchern auch den Holzkohlengrill nehmen und mit einem Deckel verschließen.
Wenn der Lachs fertig geräuchert ist, wird er für zwei Tage in den Kühlschrank gestellt. Vor dem Servieren in Scheiben schneiden. Steifgeschlagene Sahne mit etwas Salz, Pfeffer und frisch geriebenem Meerrettich abschmecken und als Beilage reichen.

Kümmel-Kartoffeln mit Munster

Für mich gibt es nur einen elsässischen Käse: den Munster. Mit Pellkartoffeln und in reifem Zustand schmeckt er mir am besten. Ich beziehe den Munster immer von einem Bauernhof in der Gegend von Munster oder Albe.

FÜR 4 PERSONEN

1/2 Munster (ohne Rinde)
4 Kartoffeln (frühe Sorte) von je 80 g
1 TL Kümmel
1 EL Gewürztraminer-Trester • Salz

Kartoffeln in einen Topf legen, mit kaltem Wasser bedecken und zum Kochen bringen. Salzen und ungefähr 20 Minuten kochen, bis sie gar sind.
Kartoffeln abgießen, schälen und mit einem Kugelausstecher in der Mitte aushöhlen. Die ausgehöhlte Kartoffelmasse und den Munster mit einer Gabel zerdrücken. Kümmel und Trester zugeben und gut vermischen. Die Masse in einen Spritzbeutel mit glatter Tülle füllen und die noch lauwarmen Kartoffeln damit füllen. Sofort servieren.
Als Beilage einen gemischten Salat mit einem Hauch Knoblauch reichen.

Reifekeller im Gut Kastelberg

Kleine Munster-Pastete mit Kümmel und Lauch

Neben dem reifen Munster, den man vom Stück ißt, und der nachfolgend beschriebenen Munster-Pastete gibt es auch noch den »siass kass«, eine ganz spezielle Gaumenfreude, die man nur im Elsaß kennt. Es handelt sich dabei um ganz frischen Munster: Wenn die Milch gerade dickgelegt ist, wird sie mit einem Schöpflöffel in runde Holzformen gefüllt. Dieser Käse wird, mit Zucker gesüßt und mit Kirschbrand verfeinert, im Laufe des Tages – mittags oder abends – verzehrt. Am nächsten Tag wäre er schon nicht mehr gut, der Käse bekommt dann eine gummiartige Konsistenz. Wenn Sie eine Reise ins Elsaß machen, sollten Sie unbedingt in einem der zahlreichen Landgasthöfe einkehren, zum Beispiel bei der Familie Wehrey, Le Kastelberg, oberhalb von Munster, um diese Spezialität zu kosten.

FÜR 6 PERSONEN

600 g Blätterteig
1 Munster (ohne Rinde)
4 mittelgroße Kartoffeln (je 100 g)
2 Lauchstangen • 2 TL Kümmel
20 g Butter • Salz, Pfeffer
1 Ei zum Bestreichen

Kartoffeln in einen Topf legen, mit kaltem Wasser bedecken und zum Kochen bringen. Salzen und etwa 20 Minuten kochen lassen, bis die Kartoffeln gar sind. Abgießen, schälen und in 1/2 cm dicke Scheiben schneiden. Den Lauch putzen, waschen und in feine Ringe schneiden. Die Butter in einer Pfanne erhitzen und den Lauch darin andünsten. Abkühlen lassen.

Den Backofen auf 210 Grad vorheizen. Den Blätterteig zu runden, 2 mm dicken Kreisen ausrollen.

Eine Blätterteigplatte auf ein beschichtetes Backblech setzen und mit der Hälfte des gedünsteten Lauchs und der Hälfte der Kartoffeln belegen. Die Hälfte des Kümmels darauf streuen und den Käse darauf geben. Mit dem restlichen Kümmel bestreuen und den Rest von Kartoffeln und Lauch darauf verteilen. Mit der zweiten Blätterteigplatte bedecken.

Das Ei mit einer Gabel verquirlen und damit die Oberfläche der Pastete mit Hilfe eines Pinsels bestreichen. In den vorgeheizten Ofen schieben und ungefähr 25 Minuten backen, bis die Pastete goldbraun ist. Aus dem Ofen nehmen, auf eine Platte gleiten lassen und sofort servieren.

Dazu einen gemischten Salat mit einem Hauch Knoblauch reichen.

Kräuterquiche mit Schnecken

FÜR 4 PERSONEN

250 g Blätterteig

100 g gekochter Spinat

250 ml Milch

1/4 l Sahne

5 Dutzend Schnecken (aus der Dose)

2 Estragonzweige

1 Bund Petersilie

1 Bund Kerbel

1 Basilikumzweig

4 Eier

1/2 Knoblauchzehe

1/2 Schalotte

1 Msp gemahlene Muskatnuß

Salz, Pfeffer

etwas Butter zum Braten

Den Backofen auf 180 Grad vorheizen. Den Teig zu einem Kreis von 25 cm Durchmesser ausrollen und auf ein gefettetes Backblech setzen. Die Oberfläche mit einer Gabel mehrere Male einstechen. Den Teig am Rand mit den Fingern zu einem kleinen Wulst formen. Die Schnecken abgießen, grob hacken und gleichmäßig auf dem Teig verteilen.
Die Kräuter waschen, die Stiele nicht entfernen. Zusammen mit Spinat, Muskat, Knoblauch und der Schalotte in eine Rührschüssel geben. Salzen, pfeffern und ungefähr 3 Minuten mit dem Pürierstab mixen, bis ein feines Püree entstanden ist.
Sahne und Eier mit dem Schneebesen in einer Schüssel verschlagen. Das Kräuterpüree unter weiterem Rühren untermischen. Die Masse durch ein feines Sieb streichen und die Schnecken damit überziehen.
In den Backofen schieben und 30 Minuten backen. Heiß servieren.

Kleiner Baeckeoffa mit frischen Trüffeln

Eine moderne, kalorienreduzierte Version des berühmten Baeckeoffa (für den Sie auf Seite 62 das Rezept finden), die sich als Vorspeise, Hauptgericht oder als Beilage zu Fleisch eignet.

FÜR 4 PERSONEN

1 Kalbsfuß (gekocht und entbeint)

150 g Lammkarree (entbeint und entfettet)

2 mittelgroße Kartoffeln

1 kleine Lauchstange

150 g Blätterteig

3 frische Trüffeln (je 25 g)

8 EL Riesling

20 g Butter

Salz, Pfeffer

Die Kartoffeln schälen und in kleine Würfel schneiden. Kalbsfuß und Lammfleisch in kleine Würfel schneiden.
Eine Trüffel hacken. Den Lauch putzen und

VORSPEISEN

Bohnen in Salzwasser blanchieren, in eiskaltem Wasser abschrecken und anschließend auspalen.

Die Schalotte, die zwei Essigsorten, Salz, Pfeffer, die beiden Senfsorten, etwas Kochsud von den Kutteln und das Olivenöl in einen Mixer geben und kurz pürieren.

Das Erdnußöl in einer Pfanne erhitzen. Die Leberscheiben mit Salz und Pfeffer würzen und zusammen mit den 12 panierten Kuttelquadraten 2 bis 3 Minuten von beiden Seiten braten.

Die Vinaigrette erhitzen und die Kuttelstreifen und die Bohnen darin erwärmen. In einer kleinen Pfanne 4 Wachtelspiegeleier braten.

Die Salate waschen und trockenschleudern. Die Blätter kranzförmig auf vier Teller verteilen. Jeweils in die Mitte die heißen Kuttelstreifen mit den Bohnen und darauf drei panierte Kuttelquadrate, die Gänseleber und ein Wachtelspiegelei setzen. Mit ein paar Kerbelblättchen garnieren.

· · · · · · · · · · · · · · ·

Leberklößchen

FÜR 6 PERSONEN

250 g Schweinekamm (entbeint und entfettet)
250 g Schweineleber
2 Milchbrötchen • 100 ml Milch
1 Knoblauchzehe • 1 Zwiebel
50 g Mehl • 1 EL Grieß
4 Eier • 25 g Butter
2 EL gehackte Petersilie
6 Msp gemahlene Muskatnuß
Salz, Pfeffer

Die Brötchen zerkleinern, in eine Schüssel geben und in Milch einweichen. Die Zwiebel schälen und fein hacken. Den Knoblauch schälen und grob hacken. Die Butter in einer kleinen Pfanne zerlassen und Knoblauch und Zwiebel darin anschwitzen. Vom Herd nehmen.

Schweinekamm, -leber, ausgedrückte Brötchen, Petersilie, Knoblauch und Zwiebel durch die feine Scheibe des Fleischwolfs drehen. Mit Salz, Pfeffer und Muskatnuß abschmecken. Eier, Mehl und Grieß untermengen. Gut vermischen.

Mit Hilfe von zwei Eßlöffeln aus der Masse Klößchen formen. In einem großen Topf Salzwasser zum Sieden bringen und die Klößchen darin 15 Minuten garen. Die Klößchen mit dem Schaumlöffel herausnehmen und sofort servieren.

Als Beilagen Tomatensauce, in Butter gebräunte Brotwürfel und einen Salat reichen. Die Klößchen passen aber auch sehr gut zu Sauerkraut.

Schweinskopf, Zunge und Schulter unter fließendem Wasser abspülen und in die Salzlake legen. Alles gut verrühren und kühlgestellt 4 1/2 Tage durchziehen lassen.

Das Fleisch aus der Salzlake nehmen und gut abwaschen. Den Wein in den gespülten Kochtopf füllen und eine geschälte Zwiebel, die quer halbierte, aber ungeschälte Knoblauchknolle, den Sellerie, den zerstoßenen Pfeffer, Thymian und Lorbeerblatt zugeben. Fleisch darauf legen und mit kaltem Wasser auffüllen. Bei milder Hitze zum Kochen bringen und 3 Stunden leise köcheln lassen.

Das Fleisch aus der Brühe nehmen, abkühlen lassen und kühl stellen. Dann entbeinen, die Fleischstücke in eine Salatschüssel geben und 8 Stunden im Kühlschrank ruhen lassen.

Anschließend das Schweinefleisch in etwa 1 1/2 cm große Würfel schneiden. Die Brühe entfetten: dafür die Fettschicht, die sich an der Oberfläche abgesetzt hat, abheben. Die Brühe abmessen. Man rechnet 40 g Gelatine für 1 Liter Brühe. Die Hälfte der Brühe aufkochen und die Gelatine darin auflösen. Gut vermischen und zur kalten Brühe gießen. Nochmals gut verrühren und abkühlen lassen, bis das Gelee langsam fest wird.

Die zweite Zwiebel schälen und fein hacken. Fleisch, Petersilie und Zwiebel unter das Gelee mischen und das Gelee in zwei große Terrinen füllen. Mindestens eine Nacht im Kühlschrank ruhen lassen.

Den Preßkopf in Scheiben schneiden und gekühlt servieren. Dazu eine Vinaigrette, gewürzt mit Knoblauch, Schalotte und Petersilie, reichen.

Salat mit Kutteln, Gänseleber und dicken Bohnen

FÜR 4 PERSONEN

500 g Kutteln (blanchiert und gekocht)
1 Zwiebel • 1 Möhre
1 Selleriestange
1 Knoblauchzehe
Salz, Pfeffer
1 Thymianzweig • 1 Lorbeerblatt
300 g dicke Bohnen (mit Schoten)
4 Gänseleberscheiben (je 60 g)
4 Wachteleier
100 ml Erdnußöl • 100 ml Olivenöl
1 Schalotte
1 EL scharfer Senf • 1 EL süßer Senf
Kerbelblättchen
Weinessig • Balsamessig
2 Eier
300 g Paniermehl • Mehl
1/2 l Weißwein
Salatblätter von drei verschiedenen Salaten

Aus den vorgekochten Kutteln 12 Quadrate von 3 cm Größe schneiden. Zunächst in Mehl, dann in verquirltem Eigelb und zum Schluß in Paniermehl wenden.

Die restlichen Kutteln in Streifen schneiden und mit dem Gemüse, den Gewürzen und dem Weißwein 30 Minuten kochen. Die Kutteln abgießen, einen Teil vom Sud auffangen und beiseite stellen.

fein hacken. Die Butter in einer beschichteten Bratpfanne von 24 cm Durchmesser zerlassen und den Lauch und die Trüffel darin 2 Minuten bei milder Hitze andünsten. Vom Herd nehmen und beide Fleischsorten zugeben. Salzen, pfeffern und gut vermischen. Die Kartoffeln zugeben und nochmals gut durchmischen.

Den Backofen auf 180 Grad vorheizen. Die Mischung auf vier Porzellanterrinen verteilen, in die Mitte jeder Terrine eine halbe Trüffel stecken. Die Oberfläche glattstreichen und jede Terrine mit 2 Eßlöffeln Wein beträufeln. Die Ränder der Terrinen mit Blätterteigstreifen belegen und die Deckel fest darauf drücken, so daß die Terrinen hermetisch verschlossen sind. Terrinen 30 Minuten im Ofen garen, dann sofort servieren.

Kleiner Baeckeoffa mit frischen Trüffeln

Preßkopf auf Elsässer Art

»Preßkopf« ist die elsässische Bezeichnung für Schweinskopf. Er schmeckt hervorragend zum Apéritif oder als Vorspeise mit einem Salat.

FÜR 10 PERSONEN

1/2 Schweinskopf (mit Zunge)

1 kg Schweineschulter (entbeint)

2 große Zwiebeln

1 Knoblauchknolle

1 Lorbeerblatt

1 Thymianzweig

250 g gehackte Petersilie

500 g Knollensellerie

1 l trockener Weißwein (Riesling oder Silvaner)

200 g gemahlene Gelatine

1 EL Pfefferkörner

ZUM PÖKELN:

700 g grobes Salz

10 g gemahlener Koriander

2 Thymianzweige

2 Lorbeerblätter

ZUM ANRICHTEN:

Vinaigrette mit Petersilie, Knoblauch und Schalotte

Für die Salzlake 5 Liter Wasser in einen Kochtopf füllen. Salz, gemahlenen Koriander, Thymian und Lorbeerblätter dazugeben.

Fische und Flußkrebse

Die Ill zu Füßen des Gasthofs *L'Arbre Vert* beziehungsweise der späteren *Auberge* hat unsere Küche stark beeinflußt. Meine protestantische Großtante liebte Fischgerichte und bereitete immer »ihre« Matelote zu. Das andere Restaurant im Dorf, *La Truite*, wurde von einer katholischen »Mutter« geführt, die ihr Matelote-Rezept ebenfalls geheimhielt. Wir machten uns ein Spiel daraus, die beiden Köchinnen nach ihren Rezepten zu befragen; doch beide verrieten nur die Grundzutaten... So gab es schließlich die »katholische Matelote« und die »protestantische Matelote«. Auch heute gibt es bei uns am Karfreitag noch die Matelote, serviert mit Nudeln auf Elsässer Art. Dieses Gericht, das den Erfolg unseres Hauses mit begründet hat, wird nur aus Edelfischen zubereitet: Zander, Forelle, Karpfen, Hecht und Aal. Unter den zahlreichen Fischen aus elsässischen Flüssen gebührt dem Aal eine Ehrenrolle. Die Aufgabe, Aale zu töten, zu enthäuten und auszunehmen, kam immer Großvater Fritz zu. Eine Freundin aus Paris, die diesem nicht besonders appetitlichen Spektakel einmal beiwohnte, fragte ihn besorgt, ob die Aale nicht zuviel leiden müßten. »Überleg doch mal«, erwiderte Großvater, »wie lange ich das schon mache. Die Aale haben sich schon längst daran gewöhnt!«

Das einzige bei uns vorkommende Krustentier ist der Flußkrebs. Vor der Krebspest im Jahre 1935 sammelten die Kinder die Krebse zu Tausenden ein und verkauften sie für ein paar Sous an das Restaurant. Damals gab es auch noch ein Fest zu Ehren des Krebses, an dem das ganze Dorf teilnahm. Es gab »Krebskiachla« – auf elsässisch »ausgebackene Flußkrebse«. Heute gibt es leider nicht mehr viele Krebse in unseren Flüssen, und die kleinen Exemplare werden gleich wieder im Wasser ausgesetzt.

Auf Heu gebratene Aale mit Kräuterbutter

Die in Schweden gebräuchliche Methode, Fische auf Heu zu garen, hat mich zu diesem Rezept inspiriert. Das Fett vom Aal, das im heißen Backofen schmilzt und auf das Heu tropft, verströmt ein unvergleichliches Aroma. Kaufen Sie das Heu auf dem Bauernhof, oder holen Sie sich Gras von einer Wiese und trocknen es zu Hause.

FÜR 4 PERSONEN

2 Aale (je 600 bis 700 g, enthäutet und ausgenommen)
2 Handvoll gutes, trockenes Heu
Salz, Pfeffer

FÜR DIE KRÄUTERBUTTER:
125 g kalte Butter
1 frischer Thymianzweig
10 Kerbelzweige
10 Petersilienzweige
1 Schnittlauchhalm
1 Schalotte
Salz, Pfeffer

Backofen auf 250 Grad vorheizen. Die Aale in 5 cm große Stücke schneiden, salzen und pfeffern. Das Heu in eine ofenfeste Form geben und die Aalstücke daraufsetzen. Den Boden der Form mit etwas Wasser begießen. In den heißen Ofen schieben und 15 Minuten garen lassen.

In der Zwischenzeit die Kräuterbutter zubereiten: Die Schalotte schälen und mit den von den Stielen gezupften Kräuterblättern (ohne Schnittlauch) in einen Topf geben. Salzen und pfeffern, 50 ml Wasser zugeben und 5 Minuten kochen lassen. Die Kräutermischung in eine Rührschüssel geben und mit dem Pürierstab mixen. Nach und nach die in Flöckchen geschnittene Butter untermixen. Auf diese Weise erhält man eine schaumige, zartgrüne Butter. Den in Röllchen geschnittenen Schnittlauch untermischen und die Butter in eine Sauciere füllen. Wenn die Aale gar sind, auf vier Tellern anrichten und mit etwas Butter übergießen. Die restliche Butter separat dazu reichen.

Zwei Ansichten von der Ill: von der Brücke von Illhaeusern aus betrachtet (vorhergehende Seite) und vor dem Hôtel des Berges (gegenüberliegende Seite oben)

Fischtopf mit Weißwein

FÜR 6 PERSONEN

1 Zander (600 g)
1 Aal (800 bis 900 g)
2 Forellen (je 350 g)
1 Karpfen (400 g)
250 g Champignons
1/4 l Sahne
230 g Butter
90 g Mehl
Saft von 1/2 Zitrone
1 Bund Schnittlauch
1 Bund Petersilie
1 Lauchstange (nur das Weiße verwenden)
3 Schalotten
1/4 Knoblauchzehe
1 l Fischfond (S. 136)
1/2 l Riesling
Salz, Pfeffer

Die Fische schuppen, den Aal häuten. Unter kaltem Wasser waschen, trockentupfen und in Stücke schneiden. Diese Vorbereitungen können Sie auch von Ihrem Fischhändler erledigen lassen.

Die Schalotten und den Lauch schälen und hacken. 20 g Butter in einem 4-Liter-Topf zerlassen und Schalotten und Lauch darin andünsten. Wein und Fischfond zugießen und zum Kochen bringen. Knoblauch, Salz und Pfeffer zufügen.

Die Aalstücke hineingeben und 5 Minuten kochen lassen. Anschließend den Karpfen dazugeben und sobald das Wasser wieder kocht die Forellen und den Zander. Noch einmal aufkochen lassen, dann vom Herd nehmen und zugedeckt 20 Minuten ziehen lassen.

In der Zwischenzeit die Champignons putzen und in 20 g Butter dünsten, bis sie eine goldbraune Farbe angenommen haben. Noch während des Dünstens salzen und pfeffern.

Die Fischstücke abgießen und in einer tiefen Schüssel warm stellen. Den Fischsud durch ein Sieb gießen. 45 g Butter in einem Topf zerlassen und das Mehl darin unter Rühren 2 Minuten anschwitzen. Unter ständigem Rühren den Fischsud und die Sahne unterrühren und zum Kochen bringen. Bei mäßiger Hitze einige Minuten einkochen lassen. Falls nötig noch einmal abschmecken.

Die Brühe nun in eine Rührschüssel gießen und die restliche Butter in kleinen Flöckchen mit dem Pürierstab untermixen. Zitronensaft und Bratensaft der Champignons zugeben und vermischen. Die Fische mit der Sauce überziehen. Mit gehackter Petersilie und Schnittlauchröllchen bestreuen und sofort servieren.

Zu diesem Gericht passen am besten frische Nudeln mit Butter.

Karpfen im Gelee mit Gewürzen

Zu diesem Gericht hat mich die jüdische Küche inspiriert. Ich habe es vor sechs Jahren kreiert und serviere dazu am liebsten heißes Kartoffelpüree mit Butter, abgeschmeckt mit Muskatnuß. Die Kombination von heiß und kalt läßt den Karpfenfond noch besser zur Geltung kommen.

FÜR 4 PERSONEN

2 Karpfen (je 600 g)
1/2 l Riesling
2 Eiweiß
1 mittelgroße Zwiebel
1 mittelgroße Möhre
1/2 Lauchstange
1/2 Fenchelknolle
4 Dillzweige
1 Kräutersträußchen
Petersilienzweige
Salz, Pfeffer

ZUM ANRICHTEN:

200 g Crème fraîche
gemahlener Koriander

Bitten Sie Ihren Fischhändler, die Filets der beiden Karpfen auszulösen und in Streifen zu schneiden. Die Fischabfälle mitnehmen. Zwiebel und Möhren schälen und mit Lauch und Fenchel grob hacken. Zusammen mit den Fischabfällen, den Petersilienzweigen und dem Kräutersträußchen in einen Topf geben. 400 ml Wein und ebensoviel Wasser angießen und zum Kochen bringen. 30 Minuten kochen lassen, dann den Fischfond abseihen.

Den Fischfond zum Kochen bringen und die Karpfenstreifen zugeben. 4 Minuten kochen lassen, dann abgießen. Auf eine Platte geben und beiseite stellen.

Den Fischfond klären. Dafür den Fond noch einmal aufwallen lassen. Eiweiß mit dem restlichen Wein verquirlen und zum Fond geben. So lange rühren, bis der Fond wieder sprudelnd kocht. Vom Herd nehmen und zugedeckt 15 Minuten ruhen lassen. Den Fond abseihen, salzen und pfeffern.

Die Karpfenstreifen auf vier Förmchen verteilen und mit Fischfond bedecken. Mit Dill garnieren und über Nacht in den Kühlschrank stellen.

Vor dem Servieren die Förmchen auf vier Teller stürzen. Die Crème fraîche mit Salz, Pfeffer und Koriander abschmecken und separat dazu reichen.

Gebratener Lachs mit Knoblauch und Speck

Ein großer Festschmaus, bei dem der Fisch im Ganzen gegart und erst vor den Gästen aufgeschnitten wird. Die Verbindung von Knoblauch, Speck und Fisch finde ich bei diesem Rezept ganz besonders gelungen.

FÜR 6 PERSONEN

1 Lachsfilet (1 1/2 bis 2 kg, geschuppt)
12 Knoblauchzehen
200 g geräucherter Speck
100 ml Kalbsfond (S. 135)
2 Schalotten
1 EL Olivenöl
100 g Crème fraîche
2 EL Sherryessig
Mehl
100 g kalte Butter
Salz, Pfeffer

Den Backofen auf 210 Grad vorheizen. Eine tiefe feuerfeste Platte, die für den Lachs groß genug ist, in den Ofen stellen.

Das Lachsfilet salzen, pfeffern und leicht mit Mehl bestäuben. Den Speck in feine Streifen schneiden.

Das Öl in einer ausreichend großen Pfanne erhitzen und den Lachs darin auf der Fleischseite 2 Minuten braten. Die Knoblauchzehen und den Speck zugeben. Lachs wenden und auf der Hautseite 3 Minuten braten, dann mit der Hautseite nach unten auf die heiße Platte gleiten lassen, mit dem Knoblauch und dem Speck umlegen und 15 Minuten im Backofen braten.

In der Zwischenzeit die Sauce zubereiten: Die Schalotten schälen und fein hacken. Das Öl aus der Pfanne abgießen und die Schalotten und den Essig in die Pfanne geben. Gut verrühren, bis der Essig verdampft ist. Kalbsfond und Crème fraîche angießen und die Sauce einkochen lassen, bis sie schön sämig ist. Mit dem Schneebesen die Butter in kleinen Flöckchen einarbeiten. Die Sauce vom Herd nehmen.

Den Fisch auf einer vorgewärmten Platte anrichten und die Sauce dazu separat in einer Sauciere reichen. Als Beilage zum Lachs paßt Blattspinat mit Butter sehr gut.

Aalterrine

Die Aale müssen unbedingt über Nacht marinieren, dadurch werden sie milder im Geschmack und nehmen gleichzeitig das Aroma des Weins und den Duft der Gewürze auf.

FÜR 8 PERSONEN

3 Aale (je 1 kg)
750 ml trockener Weißwein (Riesling oder Silvaner)
1 Thymianzweig • 2 Lorbeerblätter
1 mittelgroße Zwiebel • 2 Schalotten
Petersilienzweige
50 g Butter
Salz, Pfeffer

FÜR DIE FISCHMOUSSE:

300 g Zanderfilet
300 g Crème fraîche
3 Eier
4 EL gehackte Petersilie
1 Msp gemahlene Muskatnuß
Salz, Pfeffer
etwas Butter zum Einfetten der Form

Die Aale am Vortag enthäuten und filetieren. Das Aalfleisch in Würfel schneiden und in eine große Schüssel geben. Wein, Thymian, Lorbeerblätter, Petersilienzweige und die geschälte und grobgehackte Zwiebel zugeben. Alles vermischen und zugedeckt durchziehen lassen.

Die Aale am nächsten Tag abgießen und trockentupfen. Die Schalotten schälen und hacken. Die Butter in einer beschichteten Pfanne von 24 cm Durchmesser zerlassen und die Schalotten darin unter Rühren 2 Minuten andünsten. Die Aalwürfel zugeben und bei starker Hitze 2 Minuten anbraten. Vom Herd nehmen und in einem Sieb abtropfen lassen.

Die Fischmousse zubereiten: Das Zanderfilet sehr fein hacken und in eine Rührschüssel geben. Salzen, pfeffern und mit dem Pürierstab mixen. Die Eier zugeben und nochmals mixen. Nach und nach die Crème fraîche zugeben, dabei immer weiter mixen, bis eine sehr feine Mousse entstanden ist. Die Masse in eine Schüssel füllen und Muskatnuß, gehackte Petersilie und die Aalwürfel untermischen.

Eine emaillierte gußeiserne Terrinenform von 32 cm Länge und 7 cm Breite mit Butter einfetten. Die Masse einfüllen und die Oberfläche mit einer Palette glattstreichen. Mit dem Deckel verschließen.

Wasser in einem großen Kochtopf erhitzen, in den die Terrine paßt. Sobald das Wasser siedet, die Terrine hineinstellen und 1 Stunde garen. Das Wasser darf dabei nie kochen, sondern sollte eine Temperatur von 70 Grad haben.

Wenn die Terrine gar ist, kann man sie entweder heiß, in Scheiben geschnitten und mit Beurre blanc, oder kalt servieren. Dazu dann eine Mayonnaise reichen, die mit Crème fraîche und Kräutern (Estragon, Kerbel, Petersilie u. a.) verfeinert wurde.

Fritierter Aal »Joseph Molteni«

Dies war das Lieblingsgericht von Joseph Molteni, dem Hersteller des »Rolls-Royce« unter den professionellen Küchenherden. Ich denke gerne an unsere gemeinsamen Jagdpartien zurück. Die Aalfritüre wird, wie dies im Elsaß Tradition ist, nicht mit Weißbrot zubereitet, sondern mit Weizengrieß.

FÜR 4 PERSONEN

2 Aale (je 600 g)
1/2 l Milch
250 g Hartweizengrieß
Erdnußöl • Salz

Den Grieß in einen tiefen Teller geben. Die Flossen der Aale abschneiden. Aale häuten, ausnehmen und in etwa 3 cm dicke Stücke schneiden. Salzen und in die Milch tunken. Anschließend im Grieß wenden.
Das Öl in einer Friteuse auf 180 Grad erhitzen und die Aalstücke hineingeben. 5 bis 6 Minuten fritieren, bis sie schön goldbraun sind. Herausnehmen und einige Sekunden auf Küchenpapier abtropfen lassen.
Nochmals etwas salzen und den fritierten Aal sofort servieren. Als Beilage fritierte Petersilienzweige und Remouladensauce reichen.
Nach diesem Rezept kann man auch gut Gründling oder Wittling zubereiten.

Fritierter Karpfen auf Sundgauer Art

Im Sundgau, im Süden der elsässischen Hochebene, findet man in allen Gasthöfen diese herrlichen fritierten Karpfen auf der Karte. Wenn die Jahreszeit es ermöglicht, wird dazu Spargel serviert.

FÜR 6 PERSONEN

3 Karpfen (je 600 bis 700 g)
2 l Öl zum Fritieren
Salz, Pfeffer

FÜR DEN AUSBACKTEIG:

250 g Mehl
2 Eier
100 ml lauwarmes helles Bier
1 Msp Zucker
1 Msp Salz

Die Karpfen filetieren, die Haut abziehen und alle Gräten entfernen. Das Fischfleisch in Streifen von 2 cm Breite und 6 bis 7 cm Länge schneiden.
Den Teig zubereiten: Die Eier aufschlagen, Eiweiß und Eigelb trennen. Mehl, Salz, Bier, Zucker und Eigelb miteinander verrühren, bis ein glatter Teig entsteht.
Nun das Eiweiß zu steifem Schnee schlagen und unter den Teig heben.
Das Öl in einer Friteuse erhitzen. Die Karpfenstreifen in den Teig tunken und anschließend im heißen Öl 3 bis 4 Minuten fritieren,

bis sie eine schöne goldbraune Farbe haben. Mit einem Schaumlöffel herausheben und einige Minuten auf Küchenpapier abtropfen lassen.

Sofort servieren. Dazu passen fritierte Petersilienzweige und Remouladensauce. Der fritierte Karpfen schmeckt aber auch ohne alle Beilagen sehr gut.

Flußkrebsragout mit Perlgraupen und Kalbskopf

In diesem Rezept werden die gegensätzlichen Aromen von Fluß und Land vereint, der geleeartigen Konsistenz des Kalbskopfes wird der zarte Biß der Krustentiere entgegengesetzt. Es ist eines der beliebtesten Gerichte in der Auberge.

FÜR 4 PERSONEN

1 1/2 kg Flußkrebse (nach Möglichkeit die rotfüßigen Edelkrebse verwenden)
1/4 Kalbskopf (entbeint und zusammengebunden)
200 g Perlgraupen
220 g Knollensellerie
1 l Kalbsfond
1 Flasche roter Bordeaux
200 ml Portwein
2 große Möhren • 1 Lauchstange
4 Petersilienzweige
1 Scheibe Ingwerwurzel • 1 Thymianzweig
1 Lorbeerblatt • 1 Knoblauchzehe
1 EL Szechuan-Pfeffer
2 EL Olivenöl • 220 g Butter
Salz, Pfeffer

ZUM GARNIEREN:
Kerbelblättchen
Schnittlauchröllchen

Die Flußkrebse in kochendes Salzwasser tauchen, dann abgießen, aus den Schalen lösen und dabei die schwarzen Därme entfernen. Köpfe und Schalen aufbewahren.
Die Beilagen zubereiten: Lauch und Möhren schälen und waschen. Die Hälfte davon grob hacken, den Rest in kleine Würfel (Brunoise) schneiden.
Das Olivenöl in einen Schmortopf geben und die Krebsschalen und -köpfe darin unter Rühren 5 Minuten anbraten. Wein und Portwein zugießen und bei starker Hitze einkochen lassen. Das grobgehackte Gemüse, Petersilie, Ingwer, Thymian, Lorbeerblatt, die Knoblauchzehe und den Szechuan-Pfeffer zugeben und vermischen. Salzen und Kalbsfond zugeben. Den Kalbskopf zufügen, einmal aufkochen lassen, dann zugedeckt bei milder Hitze 2 Stunden köcheln lassen.
Den Kalbskopf herausnehmen, abtropfen und lauwarm abkühlen lassen. Den Kochsud durch ein Sieb in eine Kasserolle abgießen. Wieder auf den Herd stellen und den Sud auf die Hälfte einkochen lassen.
Den Kalbskopf in kleine Würfel schneiden. Die Perlgraupen in einem Topf mit kochendem Salzwasser 25 Minuten kochen, abgie-

ßen. Das in kleine Würfel geschnittene Gemüse in 20 g Butter andünsten.

Wenn die Sauce eingekocht ist, die restliche kalte Butter in kleinen Flöckchen mit dem Schneebesen einarbeiten. Krebsschwänze, Kalbskopfwürfel, Perlgraupen und Brunoise zugeben und bei milder Hitze erwärmen, nicht kochen lassen.

Das Ragout auf vier vorgewärmte Teller verteilen, mit Kerbel und Schnittlauch bestreuen und sehr heiß servieren.

Zanderfilet mit Meerrettich und Gurke

FÜR 6 PERSONEN

3 Zander (je 1 kg)
2 Gurken
1/4 l trockener Weißwein
1/4 l Sahne
40 g frisch geriebener Meerrettich
1 Schalotte • 3 Dillzweige
2 EL Schnittlauchröllchen
2 EL Erdnußöl
200 g Butter
Salz, Pfeffer

Bitten Sie Ihren Fischhändler, die Fische zu schuppen, auszunehmen und zu filetieren. Die Schalotte schälen und hacken. Zusammen mit dem Wein in eine Kasserolle geben und aufkochen lassen. Den Wein vollständig einkochen lassen, dann die Sahne zugeben und um ein Drittel einkochen lassen. Vom Herd nehmen und den Meerrettich und die Hälfte der Butter mit einem Pürierstab untermixen. Salzen, pfeffern und warm halten, zum Beispiel im Wasserbad.

Die Gurken schälen, der Länge nach halbieren und entkernen. In kleine Stifte schneiden. 50 g Butter in einer Pfanne zerlassen und die Gurkenstifte darin anbräunen. Warm halten.

Das Erdnußöl in einer großen beschichteten Pfanne erhitzen. Die restliche Butter dazugeben und die Zanderfilets darin goldbraun braten: 4 Minuten auf der Hautseite, 2 Minuten auf der Fleischseite. Auf Küchenpapier abtropfen lassen.

Die Meerrettichsauce auf sechs vorgewärmte Teller verteilen und die Zanderfilets daraufgeben. Mit Gurkenstiften und Schnittlauch bestreuen. Mit Dillzweigen garnieren und sofort servieren.

Gebratenes Störfilet auf Sauerkraut mit Kaviarsahne

FÜR 4 PERSONEN

1 Störfilet (500 g)
200 g rohes Sauerkraut
8 mittelgroße Kartoffeln
(mittelfrühe, festkochende Sorte)
50 g Sevruga-Kaviar (Iran)
200 ml gebundene Weißweinsauce (S. 136)
2 Kerbelzweige
6 Schnittlauchhalme
2 EL Olivenöl
150 g Butter
Mehl
Salz, Pfeffer

Die Kartoffeln in einen Kochtopf geben, mit kaltem Wasser bedecken und zum Kochen bringen. Salzen und 15 Minuten kochen lassen. Abgießen und schälen.

Das Störfilet unter fließendem Wasser abwaschen und trockentupfen. Salzen, pfeffern und leicht mit Mehl bestäuben. 50 g Butter in einer Pfanne zerlassen und das Filet darin von jeder Seite 1 Minute braten. Abtropfen lassen, fest in Alufolie einwickeln und 10 Minuten ruhen lassen.

20 g Butter in einer Pfanne zerlassen und das Sauerkraut darin 5 Minuten unter ständigem Rühren anbraten. Zwischendurch salzen und pfeffern.

Die Weißweinsauce erhitzen, vom Herd nehmen und mit dem Schneebesen 50 g Butter einarbeiten. Den Kaviar zugeben und unterrühren.

50 g Butter in einer Pfanne zerlassen und die Kartoffeln darin anbräunen.

Das Sauerkraut auf vier vorgewärmten Tellern kuppelartig anrichten. Auf jede Kuppel etwas Kaviar setzen, die Kartoffeln rundherum legen und auf jeden Teller etwas Sauce gießen. Den Stör aus der Folie wickeln und in vier Scheiben schneiden. Auf den Tellern anrichten und mit Schnittlauchröllchen und Kerbelblättchen bestreuen.

Fleisch

Alles ist gut am Schwein, schrieb Grimod de La Reynière einmal, und die Elsässer verstanden sich schon immer auf die Kunst, Schweinefleisch auf vielfältige Weise zu verfeinern: durch Pökeln, Räuchern und Kochen, in Form von unendlich vielen Wurstvariationen, zahllosen Rezepten einfach zum Genießen... Im Elsaß wurde schon immer viel Fleisch gegessen, insbesondere Schweinefleisch. Es ist die Basis für unser weltweit berühmtestes Gericht, das Sauerkraut, dessen Ursprung bisher nie richtig geklärt werden konnte.

Schweinefleisch darf auch in dem anderen berühmten Elsässer Gericht, dem Baeckeoffa, nicht fehlen. Dieses Gericht, ein Eintopf aus dreierlei Fleisch, der mehrere Stunden mit Weißwein und Kartoffeln schmoren muß, hat eine Geschichte: Es war das traditionelle Essen für den Montag, den Waschtag. Jede Hausfrau brachte die mit ihren Initialen versehene Terrine morgens um halb acht zum Bäcker. Nachdem dieser die letzten Brote aus dem heißen Ofen genommen hatte, stellte er die Terrinen hinein, die dort nun ungefähr vier Stunden zu schmoren hatten. Nachdem die Wäsche fertig war, holten die Hausfrauen die fertige Terrine ab. Auf diese Weise hatten sie, ohne es zu ahnen, den ersten »Take-away-Service« erfunden.

Weinkeller des Hauses Hugel in Riquewihr

Eintopf aus dreierlei Fleisch

Damit dieses Gericht gelingt, benötigt man unbedingt die berühmte irdene Terrine aus Soufflenheim, die speziell für den Baeckeoffa hergestellt wird.

FÜR 8 BIS 10 PERSONEN

400 g Lammschulter
(entbeint und entfettet)
400 g Schweinenacken
(entbeint und entfettet)
400 g mageres Schulterstück vom Rind
3 Schweineschwänze
2 Schweinefüße
1 1/2 kg Kartoffeln (z. B. Primura)
4 Lauchstangen
1 Flasche Riesling
1 Knoblauchzehe • 3 große Zwiebeln
Petersilienzweige
1 Thymianzweig • 1 Lorbeerblatt
25 g Butter
Salz, Pfeffer

ZUM VERSCHLIESSEN DER TERRINE:
200 g Mehl
4 EL Öl

Die Zwiebeln schälen und fein hacken. Das Fleisch in 3 bis 4 cm große Stücke schneiden und zusammen mit den Zwiebeln, der geschälten, ganzen Knoblauchzehe, Thymian, Lorbeerblatt und Petersilie in eine große Schüssel geben. Salzen, pfeffern, den Wein zugießen und alles gut vermischen. Über Nacht durchziehen lassen.

Am nächsten Tag den Ofen auf 175 Grad vorheizen. Die Kartoffeln schälen, waschen und in 3 bis 4 mm dicke Stifte schneiden. Mit Salz und Pfeffer würzen. Den Lauch waschen und in große Stücke schneiden. Abwechselnd Kartoffeln, Lauch und das abgetropfte Fleisch in eine Terrine schichten. So fortfahren, bis alle Zutaten aufgebraucht sind, dabei mit einer Kartoffelschicht abschließen und den Inhalt fest zusammendrücken.

Den Teig für die Terrine zubereiten: Mehl und Öl miteinander vermischen. Gerade so viel Wasser zugeben, daß ein geschmeidiger, homogener Teig entsteht. Den Rand der Terrine mit dem Teig umlegen und den mit Butter eingefetteten Deckel so daraufsetzen, daß die Terrine hermetisch verschlossen ist. Die Terrine für 4 Stunden in den Backofen stellen.

Wenn der Baeckeoffa fertig ist, den Topf auf den Tisch stellen und heiß servieren. Dazu einen Salat reichen.

Sauerkraut auf Elsässer Art

Dieses Gericht steht sinnbildlich für die elsässische Küche. Die Beilagen variieren von Dorf zu Dorf. Manchmal wird auch das Sauerkraut selbst auf andere Art vergoren, zum Beispiel im Vallée d'Orbey. Dort wird es »kompischt« genannt und wird nicht mit Weiß-, sondern mit Grünkohl zubereitet.

FÜR 8 PERSONEN

1,6 kg rohes Sauerkraut (möglichst von der neuen Ernte)

500 g geräucherter Speck

300 g gepökelter Speck

8 Straßburger Würste

1 geräucherter Schweinebug (Schulter)

2 geräucherte Schweinshaxen

8 Saucisses de Montbéliard (geräucherte Schweinswürste)

1 kg Kartoffeln (z. B. Bintje)

1/2 l trockener Weißwein (Riesling oder Silvaner)

2 mittelgroße Zwiebeln • 1/2 Knoblauchzehe

1 Lorbeerblatt • 2 TL Kümmel

1 EL Wacholderbeeren

1 EL Korianderkörner • 80 g Gänseschmalz

Den geräucherten und den gepökelten Speck am Vorabend in reichlich kaltes Wasser legen. Am nächsten Tag den Speck abgießen und zusammen mit der geräucherten Schweineschulter und den Schweinshaxen in einen großen Schmortopf geben. Gut mit Wasser bedecken und zum Kochen bringen. 2 Stunden leise köcheln lassen, dann vom Herd nehmen und beiseite stellen.

Sauerkraut mehrmals gründlich waschen, in einem Sieb abtropfen lassen und gut ausdrücken.

Den Ofen auf 220 Grad vorheizen. Die Zwiebeln schälen und fein hacken. Das Gänseschmalz in einem großen gußeisernen Topf zerlassen und die Zwiebeln darin 2 Minuten dünsten. Das Sauerkraut dazugeben, etwas salzen und die Gewürze dazugeben. Alles vermischen und den Wein angießen. 1 Liter Fleischsud zufügen, durchmischen und zugedeckt 30 Minuten im Ofen kochen lassen. Den Speck abtropfen lassen, zum Sauerkraut geben und weitere 30 Minuten kochen. Das Sauerkraut soll noch etwas Biß haben.

Die Kartoffeln gründlich waschen, in kaltem Wasser aufsetzen und gar kochen. Die Würste mit einer Gabel ein paar Mal einstechen, damit sie beim Kochen nicht aufplatzen, und in etwas Fleischsud 20 Minuten erhitzen. Beiseite stellen und im Sud warm halten.

Wenn das Sauerkraut fertiggekocht ist, die halbe Knoblauchzehe schälen, durch die Presse drücken und unter das Sauerkraut mischen.

Das Sauerkraut auf eine Servierplatte geben und den in Scheiben geschnittenen Speck, die Schweinshaxen, die Schweineschulter und die Würste kreisförmig rundherum anrichten. Mit den geschälten Kartoffeln garnieren und sofort servieren.

Suppeneintopf auf Elsässer Art

Für mich und viele befreundete Küchenchefs ist das Pot-au-feu das wichtigste Gericht in der französischen Küche und in der Regionalküche. In einem einzigen Topf haben Sie drei Gerichte: eine aromatische Brühe, ein zartes, geleehaltiges Fleisch und herrliches Gemüse. Im Elsaß werden zu Pot-au-feu immer verschiedene Salate gereicht: roher Knollensellerie, Gurken und Möhren sowie gekochte rote Bete.

FÜR 4 PERSONEN

1,3 kg Rinderschulter
1 großer Markknochen (in mehrere Stücke zersägt)
4 große Möhren
500 g Knollensellerie
2 große Lauchstangen
2 große Zwiebeln • 1 Knoblauchzehe
4 Petersilienzweige
1 Thymianzweig • 1 Lorbeerblatt
schwarze Pfefferkörner
grobes Meersalz

Die Rinderschulter in einen Kochtopf legen, mit kaltem Wasser bedecken und erhitzen. 5 Minuten kochen lassen, dann abgießen. Den Markknochen in einen großen Schmortopf legen. Das Fleisch daraufgeben und reichlich mit Wasser bedecken. Etwas salzen und bei schwacher Hitze zum Kochen bringen.

In der Zwischenzeit das Gemüse schälen und waschen. Lauch, Petersilie, Thymian und Lorbeerblatt zu einem Sträußlein zusammenbinden. Alles zusammen mit dem Knoblauch und den Pfefferkörnern nach 20 Minuten in den Schmortopf geben. Noch einmal aufkochen, dann ungefähr 3 Stunden leise köcheln lassen.

Wenn das Fleisch gar ist, aus dem Topf nehmen und in dicke Scheiben schneiden. Auf einer Servierplatte anrichten und rundherum mit Gemüse garnieren.

Servieren Sie als ersten Gang die abgeseihte Brühe, anschließend das Fleisch und das Gemüse. Sie können noch in der Brühe gegarte Kartoffeln und die obengenannten Salate dazu reichen.

Als Beilage zu Pot-au-feu schmeckt auch eine Meerrettichsauce. Hier finden Sie zwei Versionen, wählen Sie die aus, die Ihnen am besten schmeckt.

Kalte Meerrettichsauce:
1/4 l Sahne mit 1 guten Eßlöffel frisch geriebenem Meerrettich verrühren. Ein paar Tropfen Weinessig und etwas Salz und Pfeffer nach Ihrem Geschmack untermischen.

Warme Meerrettichsauce:
Aus 25 g Butter und 2 Eßlöffeln Mehl eine Mehlschwitze zubereiten. 300 ml Brühe vom Pot-au-feu und 1/4 l Sahne unterrühren. Etwa 3 Minuten einkochen lassen, dann 2 Eßlöffel frisch geriebenen Meerrettich untermischen. Abschmecken.

Geschmorte Schweinshaxe mit grünen Linsen

»Wadala« ist die elsässische Bezeichnung für Schweinshaxe, ein besonders schmackhaftes, leicht geräuchertes und gepökeltes Fleisch, das bei uns sehr beliebt ist. Mit Linsen zubereitet und mit Essig gewürzt, schmeckt dieses Gericht noch besser.

FÜR 4 PERSONEN

4 Schweinshaxen (gepökelt und geräuchert)
200 g Speck (gepökelt und geräuchert)
250 g grüne Puy-Linsen
1 große Möhre
1 große Lauchstange • 1 große Zwiebel
220 g Knollensellerie
1 Lorbeerblatt • 1 Thymianzweig
1 Gewürznelke
25 g Butter
Salz, Pfeffer

Die Schweinshaxen und die Linsen am Vorabend in zwei verschiedenen Schüsseln in kaltem Wasser einweichen.

Schweinshaxen am nächsten Tag abgießen und in einen großen Kochtopf legen. Die Zwiebel schälen, mit der Gewürznelke spicken und zusammen mit Thymianzweig und Lorbeerblatt in den Kochtopf geben. Mit Wasser bedecken und zugedeckt 1 1/4 Stunden kochen lassen.

Die Möhre schälen und zusammen mit Sellerie und Lauch in kleine Würfelchen schneiden. Das Gemüse in Butter andünsten und mit Salz und Pfeffer abschmecken. Beiseite stellen.

Die Linsen abgießen und in siedendes Wasser geben. Den Speck zugeben und 30 Minuten kochen lassen. Anschließend abgießen, dabei 200 ml Kochsud auffangen und beiseite stellen.

Linsen in einen Schmortopf geben und die gekochten Schweinshaxen und das gedünstete Gemüse dazugeben. Den Kochsud der Linsen zugeben und noch einmal 10 Minuten bei geringer Hitze schmoren lassen.

Heiß servieren und dazu in einer Sauciere sehr guten alten Weinessig oder noch besser Balsamessig reichen.

Geschmorte Rinderbäckchen mit Spätburgunder

Cognac und Portwein geben diesem köstlichen Gericht eine pikante Note. Am besten fügt man sie erst im letzten Augenblick zu, so bewahren sie ihr volles Aroma. Der französische Kräuterlikör Chartreuse verleiht dem Gericht einen mild-süßen Ton und einen unvergleichlich feinen, würzigen Duft.

FÜR 4 PERSONEN

4 Rinderbäckchen
2 Flaschen Elsässer Pinot noir
400 g Champignons
1 Zwiebel • 2 Möhren
220 g Knollensellerie
1/2 Knoblauchknolle (ungeschält)
1 Thymianzweig • 1 Lorbeerblatt
1 Stuck frischer Ingwer
1 EL Tomatenmark
1 EL schwarze Pfefferkörner
1 EL Mehl • 20 g Butter
4 EL Olivenöl • 1 EL Cognac
3 EL Portwein
2 TL Chartreuse verte • Salz

Am Vorabend die Marinade zubereiten: Möhren und Zwiebel schälen, zusammen mit dem Sellerie waschen und in kleine Würfel schneiden. Mit den Rinderbäckchen in eine große Schüssel legen. Thymian, Lorbeerblatt, Knoblauch, Ingwer und Pfefferkörner dazugeben. Wein dazugießen und das Fleisch etwa 12 Stunden durchziehen lassen, zwischendurch ein paar Mal wenden.

Wenn das Fleisch ausreichend mariniert ist, abgießen und trockentupfen. Die Marinade durch ein Sieb abgießen, Gewürze und Gemüse aufbewahren. Backofen auf 160 Grad vorheizen.

Das Öl in einem gußeisernen Schmortopf erhitzen und die Rinderbäckchen darin von allen Seiten goldbraun braten. Das Gemüse und die Gewürze zugeben und alles anbraten. Das Mehl darübersieben und unter Rühren 2 Minuten mitrösten. Wein und Tomatenmark zufügen und zum Kochen bringen. Zugedeckt bei niedriger Hitze 4 Stunden im Ofen schmoren lassen.

Wenn das Fleisch gar ist, abgießen und warm stellen. Den Schmorfond durch ein Sieb gießen und so lange einkochen lassen, bis eine sämige Sauce entstanden ist.

In der Zwischenzeit die Champignons putzen und vierteln. Die Butter in einer Pfanne von 24 cm Durchmesser zerlassen und die Champignons darin dünsten, bis sie goldbraun sind und kein Wasser mehr austritt.

Den eingekochten Schmorfond noch einmal abschmecken. Cognac, Portwein, Chartreuse und die Champignons dazugeben, vermischen und den Topf vom Herd nehmen. Die Rinderbäckchen in Scheiben schneiden und auf einer tiefen Platte anrichten. Mit Sauce überziehen und sofort servieren.

Als Beilage schmecken Kartoffelpüree oder frische Nudeln auf Elsässer Art (S. 103).

Eingelegte weiße Rübchen

Die eingelegten Rüben, auf elsässisch »suri ruawa« genannt, werden mit sehr großen Rüben zubereitet. Diese werden in lange Streifen geschnitten, gesalzen, vergoren und wie Sauerkraut in großen Fässern eingelegt.

FÜR 6 PERSONEN

1,8 kg eingemachte weiße Rübchen
500 g gepökelter Speck
800 g geräucherter Schweinenacken
6 Straßburger Würste
1/4 l Weißwein (z. B. Silvaner)
200 g Zwiebeln
1/2 Knoblauchzehe
1 Lorbeerblatt
150 g Gänseschmalz
1 TL gemahlener Kümmel
10 Wacholderbeeren
Salz, Pfeffer

Den Speck und den Schweinenacken in einen Kochtopf legen, mit kaltem Wasser bedecken und zum Kochen bringen. 1 Stunde leise köcheln lassen, dann abgießen.
Den Backofen auf 210 Grad vorheizen. Die Rüben gründlich abspülen, abtropfen lassen und in einem Küchentuch gut ausdrücken. Die Zwiebeln schälen und in kleine Würfel schneiden.

Das Gänseschmalz in einem gußeisernen Schmortopf zerlassen und die Zwiebeln darin andünsten. Rüben, Wein, Lorbeerblatt, Kümmel, Wacholderbeeren, Salz und Pfeffer dazugeben. Zugedeckt 30 Minuten im Backofen schmoren lassen, dann den Speck und den Schweinenacken zugeben. Zugedeckt noch 1 Stunde schmoren lassen.
Speck und Schweinenacken herausnehmen und warm halten. Die Knoblauchzehe fein hacken und unter die Rübchen mischen. Abschmecken. Die Würste 5 Minuten in siedendheißem Wasser erhitzen, abgießen.
Die Rübchen auf eine große Platte geben. Das Fleisch in Scheiben schneiden und mit den Würsten auf den Rübchen anrichten. Sofort servieren. Als Beilage können Pellkartoffeln gereicht werden.

Geflügel

Auf elsässischen Bauernhöfen findet man ein üppiges Angebot an Puten, Hühnern und Tauben. Am meisten werden bei uns aber Gänse verzehrt. Früher wurden sie in erster Linie wegen des Gänseschmalzes und der Stopfleber gehalten, sie waren aber auch stets hervorragende Hofwächterinnen. Die jüdische Gemeinde hat übrigens sehr viel dazu beigetragen, daß die Gänsezucht bei uns so große Ausmaße angenommen hat.

Jeder Bauernhof hatte früher seinen »Tierhändler«, einen Mann, der sich speziell um den Kauf und Verkauf von Tieren, aber natürlich auch anderer Produkte und Waren kümmerte. Wir waren mit unserem Händler befreundet, und es wurde kein Geschäft abgewickelt, ohne daß es dazu ein vorzügliches Mahl gegeben hätte. Da unser Händler Jude war, bereitete Großmutter immer eine Gans zu. Die Vorbereitungen für dieses Gericht nahmen stets mehrere Tage in Anspruch. So kam er des öfteren wieder zurück, bis er endlich meinem Großvater die Hand schüttelte, was einerseits bedeutete, daß die Sache nun beschlossen sei, andererseits aber auch Freundschaft und gegenseitigen Respekt zum Ausdruck brachte.

Gefüllte Gans mit Maronen

Das ist mein Lieblingsrezept zu Weihnachten. Die gefüllte Gans schmeckt hervorragend mit Rotkohl und Äpfeln oder einfach nur mit sautierten Äpfeln.

FÜR 8 PERSONEN

1 Gans mit Leber (3 kg, ausgenommen)
250 g geschälte Maronen
125 g Schweinekamm (entbeint)
125 g fetter Speck
125 g Kalbsschulter
150 g entrindetes Toastbrot
100 ml Milch
1 Schalotte
1/2 TL Quatre-épices (Gewürzmischung aus Pfeffer, Muskatnuß, Gewürznelke und Zimt, alles fein gemahlen)
1 EL Cognac
2 EL Portwein
20 g Butter
100 g Gänseschmalz
Salz, Pfeffer

Den Backofen auf 200 Grad vorheizen. Das Toastbrot in Scheiben schneiden und in der Milch einweichen. Die Schalotte schälen und mit der Butter in einer kleinen Pfanne andünsten.
Schweinekamm, Speck, Kalbfleisch und die geputzte Gänseleber durch den Fleischwolf drehen. Das abgetropfte und mit den Händen ausgedrückte Toastbrot zugeben, ebenso die Schalotte, den Cognac, den Portwein und die Gewürzmischung. Salzen, pfeffern und gut vermischen.
Die Maronen unter diese Farce mischen und die Gans damit füllen. Die Öffnungen mit weißem Küchengarn zunähen. Die Gans mit Gänseschmalz bestreichen und in eine feuerfeste Reine legen. 2 Stunden im Ofen braten, dabei immer wieder mit dem ausgetretenen Bratensaft beträufeln, der sich in der Reine ansammelt.
Wenn die Gans gar ist, auf einer Servierplatte anrichten. Den Bratensaft entfetten und durch ein Sieb abgießen. In eine Sauciere füllen.
Die Gans am Tisch zerlegen und jedem Gast ein Stück Gans und etwas von der Füllung servieren. Mit der Sauce beträufeln.

So wurde früher gelesen. Die Tragkörbe und Gärbottiche aus Holz sind heute nicht mehr im Einsatz

Taubenkoteletts mit Wirsing und Trüffeln

Ein besonders raffiniertes, jedoch einfach nachzuvollziehendes Rezept. Taube, Wirsing und Trüffel gehen hier auf äußerst verführerische Weise eine Verbindung ein.

FÜR 4 PERSONEN

4 Taubenbrüste (ohne Knochen)
4 Taubenkeulen
2 TL Cognac
2 EL Portwein
1/4 l Geflügelfond (S. 135)
12 Wirsingblätter
80 g Gänsestopfleber
4 Trüffelscheiben
180 g Schweinenetz
1 EL Erdnußöl
Salz, Pfeffer

FÜR DIE FARCE:

100 g Geflügelfleisch
50 g Schweinekamm (entbeint)
100 g fetter Speck
20 g Gänsestopfleber
50 g Geflügelleber
1 Ei
1 EL Portwein
1 EL Cognac
1 EL Trüffelsaft (von eingelegten Trüffeln)
Salz, Pfeffer

Die Taubenbrüste in einen tiefen Teller legen und mit Cognac und Portwein beträufeln. Salzen, pfeffern und 20 Minuten durchziehen lassen.

Den Geflügelfond in einer Bratpfanne zum Kochen bringen und die Taubenkeulen zugeben. Zugedeckt 10 Minuten bei niedriger Hitze schmoren, dann abkühlen lassen.

Die Farce zubereiten: Geflügel- und Schweinefleisch, Speck und die geputzten Lebern durch den Fleischwolf drehen. Portwein, Cognac, Trüffelsaft, Ei, Salz und Pfeffer zugeben und alles gut vermischen.

Den Backofen auf 210 Grad vorheizen. Eine ofenfeste Form, die für die vier Taubenbrüste gerade groß genug ist, leicht einfetten. Das Schweinenetz in reichlich kaltem Wasser einweichen, dann in vier Stücke teilen.

Die Wirsingblätter in kochendem Salzwasser 2 Minuten blanchieren, dann in eiskaltem Wasser abschrecken und trockentupfen.

Die Koteletts herstellen: Jede Keule mit einem Stück Stopfleber belegen und darauf eine Trüffelscheibe setzen. Nun das Ganze mit der Taubenbrust umwickeln, anschließend in ein Wirsingblatt einschlagen und mit der Farce bestreichen. Die so entstandenen Koteletts in Schweinenetz einschlagen. Die Koteletts in die gefettete Form setzen und 13 Minuten im Ofen garen. Den Ofen ausschalten und die Koteletts noch 10 Minuten darin ruhen lassen.

Die Taubenkoteletts heiß mit Trüffelsauce servieren. Den Wirsing in feine Streifen schneiden, in Butter dünsten und als Beilage reichen.

Wild und Wildgeflügel

Das Elsaß ist reich an allen Wildarten. In der Ebene findet man zahlreiches Kleinwild, in den Vogesen trifft man allerorten auf Großwild: auf Hirsch, Reh, Wildschwein und sogar Gemsen.

Ich liebe die Jagd – seit meiner frühesten Jugend war ich umgeben von Jägern und Wildhütern. Georges Ittel, mein Großvater mütterlicherseits, war ein großer Jäger, der seine Kunst verstand und Achtung vor dem Wild hatte. Er erlegte das Wild nur, wenn dafür ein guter Grund vorlag, und er zielte äußerst präzise. Er brachte Rebhühner, Fasane und Hasen mit nach Hause, und Großmutter bereitete sie in ihrem großen Schmortopf auf dem alten holzgefeuerten Herd zu. Mmh, der Duft durchströmte das ganze Haus... Auch andere Menschen haben meine Jugend entscheidend geprägt. Zum Beispiel Xavier, der Wildhüter von Joseph Molteni, der im Departement Drôme Herde herstellt und sich in unser Dorf verliebt hat. In den Schulferien begleitete ich Xavier in den Wald, und er erzählte mir unglaubliche Geschichten, an die ich mich noch heute erinnere. Als ich noch ein kleiner Junge war, hatte ich das Glück, Jean und Pierre Troisgros, Paul Bocuse, Raymond Oliver und Pierre Laporte auf die Jagd zu begleiten... In Illhaeusern ging ich mit Henri Pescarolo und seinem Bruder auf Entenjagd.

Heute gehe ich jedoch nicht mehr auf die Jagd, ich denke, dieser Zeitvertreib würde meine Arbeit zu sehr in den Hintergrund drängen. Außerdem stören mich einige Jagdarten, die dem Wild keine Chance lassen. Ab und zu kommt es vor, daß ich mich mit meinen Freunden, den Wildhütern Roger Loux und Jacques Gander, zur Jagd aufmache. Und vor einigen Jahren hatten wir mit meinen Kochfreunden Bernard Loiseau, Jean-Marie Amat, Alain Dutournier und Jacques Maximin eine große Jagdpartie organisiert.

Gebratener Fasan »Smettana«

»Smettana« ist die russische Bezeichnung für saure Sahne, die bei einem echten Borschtsch nicht fehlen darf. Durch die Sahne wird das eher trockene Fleisch des Fasans mürbe. Einen jungen Fasan erkennen Sie am Sporn: Er muß rund sein und darf nicht weit hervorstehen.

FÜR 4 PERSONEN

2 junge Fasane
500 g Pfifferlinge
1/2 l saure Sahne oder Crème fraîche
100 ml Portwein
1 Schalotte
200 ml Öl
100 g Butter
2 EL Erdnußöl
1 EL feingeschnittener Schnittlauch
Salz, Pfeffer

Die Fasane rupfen, ausweiden, über offenem Feuer abflämmen und bratfertig in Form binden. Salzen und pfeffern.

Den Backofen auf 210 Grad vorheizen. Das Öl in einem Schmortopf, der für beide Fasane groß genug ist, erhitzen. 20 g Butter dazugeben. Die Fasane im Fett wenden.

Den Schmortopf in den heißen Ofen schieben und die Fasane in 20 Minuten goldbraun braten.

In der Zwischenzeit die Schalotte schälen und hacken. Zusammen mit dem Portwein und der sauren Sahne nach 20 Minuten Bratzeit zu den Fasanen geben. Weitere 30 Minuten braten.

In der Zwischenzeit die Pfifferlinge putzen, waschen und trockentupfen. In 20 g Butter goldbraun braten, abtropfen lassen und den Bratsaft auffangen.

Wenn die Fasane gar sind, aus dem Schmortopf nehmen und im Ofen warm halten. Bratenfond im Schmortopf zum Kochen bringen und den Bratsaft der Pfifferlinge zugeben. So lange rühren, bis eine sämige Sauce entstanden ist. Vom Herd nehmen und die restliche kalte Butter unter ständigem Rühren mit dem Schneebesen einarbeiten.

Die Fasane mit der Sauce überziehen, die Pfifferlinge rundherum anrichten und sofort servieren. Als Beilage frische Nudeln oder Spätzle auf Elsässer Art (S. 102) reichen.

Sonnenuntergang über den Weinbergen von Riquewihr

Fasanenbrüste mit gefülltem Kohl

FÜR 4 PERSONEN

2 junge Fasane
2 TL Kümmel
1 Zwiebel • 1 Ei
1 Kräutersträußchen • 2 Milchbrötchen
8 dünne Scheiben geräucherter Speck
1 EL Cognac
2 EL Portwein
8 große Kohlblätter • 200 ml Milch
1/4 l Wildfond (S. 135)
1 EL feingeschnittene Petersilie
100 g Butter
2 EL Erdnußöl • Salz, Pfeffer

Die vier Brustfilets der Fasane auslösen, die vier Keulen entbeinen. Die Gallenblasen von den Lebern entfernen. Das Keulenfleisch und die Lebern, falls sie frei von Schrotkugeln sind, durch den Fleischwolf drehen. Die Brötchen in Milch einweichen.
Die Zwiebel schälen und fein hacken. 20 g Butter in einer Pfanne zerlassen und die Zwiebel darin unter ständigem Rühren kurz anschwitzen. In eine Schüssel geben, zerkleinertes Fleisch und zerkleinerte Lebern, Ei, Petersilie, Cognac und die Hälfte vom Portwein zugeben. Salzen und pfeffern. Die eingeweichten Brötchen gut mit den Händen ausdrücken und ebenfalls zugeben. Alles gut durchmischen.
Den Backofen auf 210 Grad vorheizen. Die acht Kohlblätter 3 Minuten in kochendem Salzwasser blanchieren, unter fließendem kaltem Wasser abschrecken und trockentupfen. Auf jedes Blatt etwas Farce setzen und diese fest in das Blatt einwickeln. Jedes Blatt mit einer Scheibe Speck umwickeln.
Die gefüllten Kohlblätter in eine ofenfeste Bratpfanne setzen, die gerade groß genug ist, daß alle gefüllten Blätter nebeneinander Platz haben. Mit ungefähr 200 ml Wildfond aufgießen, so daß sie etwa zur Hälfte mit Fond bedeckt sind. Zugedeckt im heißen Ofen 30 Minuten garen.
In der Zwischenzeit das Öl in einer großen Bratpfanne erhitzen. 20 g Butter zugeben, schmelzen lassen und die Fasanenbrüste darin 10 Minuten braten. Zwischendurch einmal wenden.
Die Fasanenbrüste auf einer Servierplatte warm halten. Den Bratenfond mit dem restlichen Portwein ablöschen. 200 ml Wildfond angießen und auf die Hälfte einkochen lassen. Vom Herd nehmen und die restliche kalte Butter unter Rühren mit dem Schneebesen einarbeiten.
Die Fasanenbrüste auf vier vorgewärmten Tellern anrichten und mit den gefüllten Kohlblättern garnieren. Mit Sauce überziehen und sofort servieren.

Gustave Uhl, der wichtigste Gemüselieferant der Familie Haeberlin

Pot-au-feu vom Wild mit würzigem Quitten-Apfel-Kompott

Dieses Rezept vereint das Aroma aller Arten von Wild mit der sanften Säure von gewürztem Kompott.

FÜR 10 PERSONEN

1 Rebhuhn • 1 Fasan • 1 Stockente
1 Rehkarree • 1 Hase
1 Krick- oder Knäkente
1 kg geräucherter Speck
2 Saucisse de Morteau (Schweinekochwurst)
750 ml kräftiger Rotwein
1 Knollensellerie (800 g)
4 große Zwiebeln • 1 Knoblauchknolle
4 dicke Scheiben frischer Ingwer
1 EL Wacholderbeeren
1 Lorbeerblatt • 1 Thymianzweig
2 EL Erdnußöl • Salz, Pfeffer

FÜR DAS KOMPOTT:

1 kg Quitten • 1 kg Boskop-Äpfel
1 EL Kümmel • 1 EL Korianderkörner
1 EL schwarze Pfefferkörner
50 g Zucker • 2 EL Olivenöl

ZUM ANRICHTEN:

2 kg geputzter Mangold • 3 EL Olivenöl

Das Wild vorbereiten: Das Geflügel rupfen, den Hasen abziehen. Das bratfertige Geflügel in Form binden, übriges Wild in große Viertel teilen. Das Öl in einer Pfanne erhitzen und die Hasenviertel darin von beiden Seiten goldbraun anbraten. Salzen und pfeffern, herausnehmen und abtropfen lassen.

Das Geflügel und den Hasen in einen großen Kochtopf legen, den Wein zugießen und mit so viel Wasser auffüllen, daß Geflügel und Hase damit bedeckt sind. Zum Kochen bringen und ungefähr 10 Minuten kochen lassen. Zwischendurch abschäumen. Thymian, Lorbeerblatt, die ganze, quer halbierte Knoblauchknolle, Ingwer, Wacholderbeeren und Speck zugeben. Die Zwiebeln und den Knollensellerie schälen, den Sellerie vierteln. Zwiebeln und Sellerie in den Kochtopf geben und alles 80 Minuten leise köcheln lassen. Rebhuhn und Krick- oder Knäkente nach 45 Minuten herausnehmen.

Das Kompott zubereiten: Kümmel, Korianderkörner, Wacholderbeeren und Pfefferkörner in ein kleines Mulltuch binden. Quitten und Äpfel schälen, Kerngehäuse entfernen und die Früchte vierteln. Das Öl in einem großen Schmortopf erhitzen und die Fruchtviertel darin kurz andünsten. Zucker und Gewürzsäckchen zugeben, alles vermischen und 100 ml Wasser zugießen. Zugedeckt 30 Minuten bei geringer Hitze schmoren, bis die Früchte schön weich sind. Dabei von Zeit zu Zeit umrühren. Nun das Gewürzsäckchen entfernen und die Früchte so lange mixen, bis ein feines Kompott entstanden ist. Beiseite stellen.

Nach 80 Minuten die Stockente und den Fasan aus dem Kochtopf nehmen. Rehkarree und die Würste zugeben, die Würste zuvor

Winzerschild in Riquewihr

mehrere Male mit einer Gabel einstechen. Weitere 30 Minuten kochen lassen.

Nun den Hasen, den Speck, das Reh und die Würste abgießen. Zusammen mit dem anderen Wild und Geflügel warm halten.

Kochfond so weit einkochen lassen, daß noch etwa 1 Liter sirupartiger Fond übrig bleibt. Durch ein Sieb gießen und in einer Stielkasserolle noch einmal zum Kochen bringen. Vom Herd nehmen und die Butter unter ständigem Rühren mit dem Schneebesen einarbeiten, bis eine sämige Sauce entstanden ist.

Wild und Wildgeflügel auf einer großen Platte anrichten, Sauce und Kompott separat dazu reichen.

Als Beilage frische Nudeln und Mangold servieren. Den Mangold dafür in Olivenöl andünsten, salzen und pfeffern.

Gedämpftes Rehfilet mit Wirsing

FÜR 4 PERSONEN

1 Rehfilet (1,2 kg)
1 Wirsing (1 kg) • 800 g Pfifferlinge
1/4 l Sahne • 100 g kalte Butter
5 EL Portwein • 2 EL Cognac
2 EL Chartreuse verte (Kräuterlikör)
1 Ei • 2 Kerbelzweige
1 EL feingeschnittene Petersilie
Salz, Pfeffer

Das Rehfilet so parieren, daß das Fleisch eine schöne runde Form hat. Mit 1 Teelöffel Chartreuse und je 1 Eßlöffel Cognac und Portwein beträufeln. Bei Zimmertemperatur 2 Stunden durchziehen lassen.

In der Zwischenzeit die Fleischabfälle durch den Fleischwolf drehen und in eine Rührschüssel geben. Mit dem Pürierstab 1 Eßlöffel Cognac, 3 Eßlöffel Portwein, 2 Teelöffel Chartreuse und die Sahne untermischen. Salzen und pfeffern und so lange mit dem Pürierstab durchrühren, bis eine feine Schaummasse entstanden ist. Kühl stellen.

Die zartgrünen Blätter vom Wirsing herausschneiden und 1 Minute in kochendem Salzwasser blanchieren. Unter fließendem kalten Wasser abschrecken und trockentupfen.

Das marinierte Rehfilet trockentupfen. Auf der Arbeitsplatte eine Bratfolie ausbreiten. Die Wirsingblätter darauf auslegen und so überlappen lassen, daß ein Rechteck entsteht, das so lang wie das Rehfilet ist und so breit, daß das Filet damit eingewickelt werden kann. Die Schaummasse auf die Blätter streichen und das Rehfilet in die Mitte legen. Mit Hilfe der Folie zu einer festen Rolle wickeln. Die Rolle in ein zweites Stück Bratfolie wickeln.

Das Filet in den Dämpfeinsatz des Kochtopfs legen und 10 Minuten über kochendem Wasser garen. Den Topf vom Herd nehmen und das Fleisch weitere 10 Minuten im heißen Topf nachgaren lassen. So wird das Fleisch schön zartrosa.

In der Zwischenzeit die Pfifferlinge putzen, waschen und trockentupfen. Mit 25 g Butter in einer Pfanne dünsten, mit Salz und Pfeffer

abschmecken. In einem Sieb abgießen und den Bratsaft auffangen.

Die Sauce zubereiten: Den Bratsaft der Pfifferlinge in einer kleinen Stielkasserolle erhitzen. Vom Herd nehmen und die restliche Butter unter Rühren mit dem Schneebesen einarbeiten, bis eine sämige Sauce entstanden ist. Den Rest von Portwein und Chartreuse zugeben, salzen und pfeffern.

Das Rehfilet aus der Folie wickeln, den ausgetretenen Fleischsaft zur Sauce gießen. Das Filet in 1 cm dicke Scheiben schneiden und auf vier vorgewärmten Tellern anrichten. Die Pfifferlinge in die Tellermitte setzen, mit der Sauce überziehen und mit Kerbel und Petersilie garnieren. Sofort servieren.

Als Beilage Spätzle auf Elsässer Art (S. 102) reichen.

Hasenrücken und -keulen mit Rotkohl und Renetten

FÜR 4 PERSONEN

1 Hasenrücken mit Keulen (in einem Stück)
200 ml Wildfond (S. 135)
200 ml kräftiger Rotwein • 200 ml Portwein
250 g Knollensellerie
2 mittelgroße Zwiebeln • 1 Möhre
4 Knoblauchzehen • 1 Thymianzweig

4 Wacholderbeeren
1 EL schwarze Pfefferkörner
1 Stückchen Bitterschokolade
150 g Butter • 1 EL Olivenöl • Salz

FÜR DEN KOHL:
1 kleiner Rotkohl (800 g)
4 Renetten • 2 mittelgroße Zwiebeln
4 EL Rotweinessig • 1 EL Zucker
2 EL Gänseschmalz • Salz

Den Rotkohl am Vorabend in dicke Streifen schneiden und zusammen mit dem Essig, dem Zucker und 4 Prisen Salz in eine große Salatschüssel geben. Gut vermischen und durchziehen lassen.

Am nächsten Tag den Backofen auf 200 Grad vorheizen. Den Kohl abgießen, er hat viel Wasser gezogen. Die Zwiebeln schälen und fein hacken. Das Gänseschmalz in einem großen Schmortopf zerlassen und die Zwiebeln darin andünsten. Den Kohl zugeben, gut vermischen und mit 200 ml Wasser aufgießen. Zugedeckt in den Ofen stellen und 1 Stunde kochen lassen. Kurz vor dem Ende der Kochzeit die Äpfel schälen, vierteln und die Kerngehäuse entfernen. Die Apfelviertel auf den Rotkohl setzen und zugedeckt weitere 15 Minuten im Ofen garen.

Wenn der Kohl fertiggegart ist, den Schmortopf herausnehmen und die Ofentemperatur auf 250 Grad erhöhen.

Das Hasenfleisch waschen und trockentupfen. Salzen und pfeffern. Das Öl in einen Bräter geben, der für den Hasenbraten groß genug ist. 20 g Butter in kleinen Flöckchen zugeben. Den Hasen darin wenden. Den Bräter in den heißen Ofen stellen und das

Elsässer Grauburgunder: ein alter Tokay

Fleisch 15 Minuten braten. In der Zwischenzeit Zwiebeln, Möhre und Sellerie schälen und in kleine Würfel schneiden.

Wenn der Hase fertiggebraten ist, auf eine Servierplatte geben und im ausgeschalteten Ofen warm halten.

Den Bratenfond im Bräter auf dem Herd bei geringer Hitze erwärmen und das Gemüse zugeben. Unter ständigem Rühren anschwitzen, die ganzen Knoblauchzehen, Thymianzweig, Wacholderbeeren und Pfefferkörner zugeben. Mit Portwein und Rotwein ablöschen und auf die Hälfte einkochen lassen. Den Wildfond zugießen und weitere 45 Minuten kochen, bis eine sirupartige Flüssigkeit entstanden ist. Durch ein Sieb in eine Stielkasserolle gießen und bei mäßiger Hitze erwärmen. Schokolade zugeben und unterrühren. Vom Herd nehmen und die restliche Butter unter Rühren mit dem Schneebesen einarbeiten, bis eine sämige Sauce entstanden ist.

Den Hasenbraten mit der Sauce überziehen. Rotkohl und Äpfel miteinander vermischen und alles sofort servieren.

Glasierte Stockente mit Gewürzen

Von meinen Reisen habe ich viele Gewürze und Sojasaucen mit nach Hause gebracht. Ich liebe den exotischen Geschmack, den sie der Stockente verleihen.

FÜR 4 PERSONEN

2 Stockenten (gerupft, ausgenommen und bratfertig zusammengebunden)
150 g Akazienhonig
1 EL Sojasauce
2 EL trockener Sherry
30 g Szechuan-Pfeffer
30 g Korianderkörner • 10 g Kümmel
4 grüne Kardamomschoten
2 Knoblauchzehen • Salz

Szechuan-Pfeffer, Koriander, Kümmel und Kardamom in der Küchenmaschine zu feinem Pulver mahlen. Die gemahlenen Gewürze mit Honig, Sojasauce und Sherry vermischen. Die geschälten ganzen Knoblauchzehen zugeben.

Den Backofen auf 210 Grad vorheizen. Die Enten innen und außen salzen und rundherum mit einem Pinsel mit dem Gewürzhonig bestreichen, dabei ungefähr 2 Eßlöffel von der Mischung zurückbehalten.

Die Enten in eine ofenfeste Form geben und im heißen Ofen 20 Minuten braten, bis sie schön goldbraun sind. Die Enten aus dem Ofen nehmen und 15 Minuten ruhen lassen. Nun die Enten mit dem restlichen Gewürzhonig bestreichen und noch einmal für etwa 10 Minuten in den Ofen schieben.

Enten zerlegen und auf einer vorgewärmten Platte anrichten. Die Brüste fächerförmig aufschneiden.

Als Beilage Rotkohl mit Feigen (S. 103) und Mais-Galettes servieren (S. 104).

Gebratene Rebhühner mit Schalotten

Es gibt nichts Besseres, als ein Rebhuhn im Ganzen in Butter gebraten und nur mit Salz und Pfeffer gewürzt. So kann sich sein eigenes Aroma voll entwickeln.

FÜR 4 PERSONEN

4 Rebhühner (gerupft, ausgeweidet und über offener Flamme abgeflämmt)
16 kleine Schalotten mit Schale
400 g Pfifferlinge
1/4 l Geflügelfond (S. 135)
200 g Butter • Salz, Pfeffer

Den Backofen auf 240 Grad vorheizen. Die Pfifferlinge putzen, waschen und abtrocknen. Die Rebhühner salzen, pfeffern und bratfertig zusammenbinden. Mit 75 g zerlassener Butter bestreichen und in einen gußeisernen Bräter legen. Die Schalotten zugeben.
Den Bräter in den heißen Ofen stellen und die Rebhühner 10 Minuten braten. Im ausgeschalteten Ofen weitere 10 Minuten ruhen lassen. Auf eine Servierplatte setzen und im Ofen warm halten.
Den Geflügelfond in den Bräter gießen und bei starker Hitze 5 Minuten einkochen lassen. Die Schalotten schälen, beiseite stellen. 50 g Butter in einer großen Pfanne zerlassen. Die Pfifferlinge darin bei großer Hitze 5 Minuten goldbraun braten, salzen und pfeffern.
Bratenfond der Rebhühner durch ein Sieb in eine Stielkasserolle abgießen und noch einmal stark erhitzen. Vom Herd nehmen und die restliche Butter unter Rühren mit dem Schneebesen einarbeiten.
Die Fäden von den Rebhühnern entfernen und die Rebhühner auf vier vorgewärmte Teller geben. Die Pfifferlinge und die Schalotten rundherum anrichten und sofort servieren. Die Sauce separat dazu reichen.

Rebhuhntorte mit Gänsestopfleber

Dieses Gericht kann man auch mit Waldschnepfen zubereiten, falls man das Glück hat und eine geschenkt bekommt.

FÜR 4 PERSONEN

2 Rebhühner (je 400 bis 500 g)
600 g Blätterteig
4 Scheiben Gänsestopfleber (je 30 g)
1 EL Cognac • 2 EL Portwein
Salz, Pfeffer

FÜR DIE FARCE:

150 g Schweinekamm (entbeint)
150 g fetter Speck • 1 Schalotte
2 Hähnchenlebern • 80 g frische Gänseleber
1 EL Cognac • 2 EL Portwein
1 Milchbrötchen • 100 ml Milch
1 Trüffel (20 g) • 1 Ei
10 g Butter • Salz, Pfeffer

WILD UND WILDGEFLÜGEL

ZUM BRÄUNEN:
1 Ei

FÜR DIE SAUCE:
1 kleine Zwiebel • 1 kleine Schalotte
1 Möhre • 2 Knoblauchzehen
1 Selleriestange • 1 Thymianzweig
1 Lorbeerblatt • 1 Petersilienzweig
1 TL schwarze Pfefferkörner
2 Tomaten • 60 g kalte Butter
1 l Geflügelfond (S. 135)
100 ml Portwein • 2 EL Cognac
100 ml trockener Weißwein
100 ml kräftiger Rotwein
2 EL Olivenöl • Salz, Pfeffer

Die Rebhühner rupfen, ausweiden und die Lebern beiseite stellen. Die Rebhühner über offener Flamme abflämmen. Die Brüste auslösen und die Haut abziehen. Das Fleisch in Würfel schneiden und in eine große Schüssel geben. Salz, Pfeffer, Cognac und Portwein zugeben und gut vermischen. 1 Stunde durchziehen lassen.

In der Zwischenzeit die Sauce zubereiten: Die Knochen der Rebhühner in Stücke hakken. Zwiebel, Schalotte und Möhre schälen und hacken. Die Knoblauchzehen schälen. Die Tomaten grob hacken. Das Öl in einem großen Topf erhitzen und die gehackten Knochen zugeben. Unter ständigem Rühren leicht anbraten, die Zwiebelmischung zugeben und alles gut vermischen. Knoblauch, Sellerie, Thymianzweig, Lorbeerblatt, Petersilie, Pfefferkörner und Tomaten zugeben. Alles gut vermischen, mit Portwein und Cognac ablöschen. Vollständig einkochen lassen und mit Weißwein und Rotwein aufgießen.

Auf die Hälfte einkochen lassen, dann den Fond dazugießen. 1 Stunde bei schwacher Hitze schmoren lassen.

Die Farce zubereiten: Die Rebhuhnkeulen entbeinen. Die Brötchen klein schneiden und in Milch einweichen. Die Hähnchenlebern putzen. Die Schalotte schälen und hacken. Die Butter in einer kleinen Pfanne zerlassen und die Schalotte darin anschwitzen. Keulenfleisch, Speck, Schweinekamm, Gänseleber, Hähnchenlebern, eine Rebhuhnleber, Schalotte und die gut ausgedrückten Brötchen durch die mittelfeine Scheibe des Fleischwolfs drehen. Cognac, Portwein, Ei, die in 1/2 cm große Würfel geschnittene Trüffel sowie das marinierte Brustfleisch zugeben und alles gut vermischen.

Den Backofen auf 210 Grad vorheizen. Den Blätterteig zu zwei runden Teigplatten von 2 1/2 mm Dicke ausrollen. Einen Kreis auf ein beschichtetes Blech setzen und die Hälfte der Farce darauf verstreichen. Die Gänsestopfleberscheiben salzen, pfeffern und daraufgeben. Mit der restlichen Farce bedecken. Den zweiten Teigkreis darüberlegen. Das Ei verquirlen und die Oberfläche damit bestreichen. Die Torte im Backofen etwa 25 Minuten backen.

Wenn die Sauce 1 Stunde gekocht hat, durch ein Sieb in eine Stielkasserolle abgießen. Die zweite Rebhuhnleber fein hacken und in die Kasserolle geben. So lange einkochen, bis noch 1/2 Liter Sauce übrig ist. Vom Herd nehmen und die Butter unter Rühren mit dem Schneebesen einarbeiten.

Die Torte heiß servieren, die Sauce separat dazu reichen.

Gemüse und Beilagen

Ein altes elsässisches Sprichwort besagt, »Fleisch ist das beste Gemüse«. Im Elsaß werden vorwiegend Lauch, Kartoffeln und natürlich Kohl verzehrt. Aber auch Rotkohl und vor allem Weißkohl, der die Basis für das Sauerkraut ist, »la choucroute«, was einerseits das rohe vergorene Sauerkraut bezeichnet, andererseits das fertige Gericht. Ich werde nie vergessen, wie Großmutter eines Tages, als sie einen Koch in der Auberge dicke Bohnen palen sah, erschreckt ausrief: »Das werden Sie unseren Gästen nicht vorsetzen! Zu meiner Zeit baute man die Bohnen nur für Schweine an!« Im Elsaß werden diese Bohnen übrigens Saubohnen genannt.

Traditioneller Fassadenschmuck mit Maiskolben

Steckrüben mit gepökelter Schweinebrust

Steckrüben haben ungerechterweise einen schlechten Ruf, daher auch der Beiname »Gemüse für die Schweine«. Bei uns ist das Gemüse der Armen weit verbreitet. Zusammen mit gepökeltem Schweinefleisch schmeckt es sogar ganz ausgezeichnet.

FÜR 6 PERSONEN

1 1/2 kg gepökelte Schweinebrust
(dicke Rippe)
2 Steckrüben (je 600 g)
400 g Knollensellerie
2 mittelgroße Zwiebeln
1 Kräutersträußchen
200 ml trockener Weißwein
1 EL feingehackte Petersilie
1 TL gemahlener Koriander
1 EL Gänseschmalz
Pfeffer

Die Schweinebrust in einen Topf geben, mit Wasser bedecken und zum Kochen bringen. 1 Stunde leise köcheln lassen.
Den Backofen auf 180 Grad vorheizen. Sellerie und Steckrüben schälen und in große Streifen schneiden. Die Zwiebeln schälen und fein hacken.

Das Gänseschmalz in einem großen gußeisernen Schmortopf zerlassen. Die Zwiebeln darin unter ständigem Rühren leicht andünsten. Sellerie- und Steckrübenjulienne, Kräutersträußchen und Koriander zugeben und vermischen. Den Wein angießen und den Schmortopf zugedeckt in den heißen Ofen schieben. 1 Stunde kochen lassen.
Das Fleisch nach 1 Stunde Kochzeit herausnehmen und abtropfen lassen.
Schmortopf nach 1 Stunde aus dem Backofen holen und das Fleisch zugeben. Für eine weitere Stunde zugedeckt in den Ofen stellen.
Nach 2 Stunden Garzeit den Schmortopf aus dem Ofen holen. Das Kräutersträußchen entfernen und das Gemüse auf einer Platte anrichten. Das Fleisch entlang den Knochen in Scheiben schneiden und auf das Gemüse legen. Sofort servieren.

Grünkern-Risotto mit Steinpilzen

Grünkern ist sowohl eine elsässische als auch eine deutsche Spezialität. Bei diesem Getreide handelt es sich um unreif geernteten Dinkel, der gerne für Suppen verwendet wird. Er schmeckte mir so gut, daß ich auf die Idee kam, daraus ein Risotto zuzubereiten. Der feine Waldgeschmack der Steinpilze betont noch den Nußgeschmack des Grünkerns.

GEMÜSE UND BEILAGEN

FÜR 4 PERSONEN

200 g Grünkern

500 g Steinpilze

2 l Geflügelfond (S. 135)

1 mittelgroße Zwiebel

200 ml Olivenöl

Salz, Pfeffer

Die Zwiebel schälen und fein hacken. 100 ml Öl in einem gußeisernen Schmortopf erhitzen und den Grünkern zugeben. Bei milder Hitze 3 Minuten unter Rühren andünsten, die Zwiebel zugeben und weitere 2 Minuten dünsten. Den Geflügelfond angießen, leicht salzen und pfeffern und zugedeckt bei geringer Hitze 1 1/2 Stunden schmoren lassen.
In der Zwischenzeit die Pilze putzen, waschen, trockentupfen und in Würfel schneiden. Restliches Öl in einer großen Bratpfanne erhitzen und die Steinpilze darin goldbraun braten, salzen und pfeffern. Beiseite stellen.
Wenn der Grünkern gar ist, hat er die ganze Brühe aufgesogen. Die Steinpilze untermischen. Abschmecken und sofort servieren.

Kartoffeln in Brühe

Die traditionelle Beilage zu Pot-au-feu.

FÜR 4 PERSONEN

1 kg mehligkochende Kartoffeln

(z. B. Primura)

2 Möhren

2 Lauchstangen

400 g Knollensellerie

1 mittelgroße Zwiebel

1 EL feingeschnittene Petersilie

1 bis 2 l Brühe vom Pot-au-feu

20 g Butter

Salz, Pfeffer

Die Kartoffeln schälen, waschen und in 2 cm große Würfel schneiden. Möhren, Zwiebeln, Sellerie und Lauch schälen, waschen und in 1/2 cm große Würfel schneiden.
Die Butter in einem gußeisernen Schmortopf zerlassen und die Gemüsewürfel darin unter ständigem Rühren andünsten. Die Kartoffeln zugeben und alles vermischen. Leicht salzen und pfeffern. Ausreichend Brühe zugießen, so daß das Gemüse damit bedeckt ist. Zum Kochen bringen und bei geringer Hitze ungefähr 25 Minuten schmoren lassen, bis die Kartoffeln alle Flüssigkeit aufgesogen haben und gar sind. Vor dem Servieren mit der Petersilie bestreuen.

Spätzle auf Elsässer Art

Sie werden auch »Wasserstriwla« genannt, was soviel bedeutet wie »in Wasser gekochte Teigstückchen«. Sie eignen sich als Beilage zu allen Gerichten mit Sauce.

FÜR 4 BIS 6 PERSONEN

500 g Mehl
6 Eier
200 ml Milch
Salz

ZUM SERVIEREN:
4 EL Erdnußöl
150 g Butter

Die Eier aufschlagen und mit der Gabel verquirlen.

Das Mehl in eine Rührschüssel geben. Salz dazugeben und mit dem Rührgerät langsam die verquirlten Eier untermischen. Nach und nach die Milch und dieselbe Menge Wasser zugeben. 10 Minuten bei mittlerer Geschwindigkeit rühren, bis ein sehr elastischer Teig entstanden ist.

Wasser in einem großen Topf zum Kochen bringen und reichlich salzen.

Für die Herstellung der Spätzle gibt es zwei Möglichkeiten: Sie können den Teig in einen sogenannten Spätzlehobel füllen, bei dem der Teig mit Hilfe eines verschiebbaren Aufsatzes durch große Löcher in das kochende Wasser tropft. Oder Sie streichen den Teig auf ein Brett und schaben ihn mit einem Spatel über den Rand des Brettes, so daß er in kleinen Streifen in das kochende Wasser fällt. Letztere Methode verlangt allerdings etwas Übung.

Die Spätzle aus dem Wasser nehmen, sobald sie an die Oberfläche steigen, und in eine Schüssel geben. Wenn alle Spätzle fertig sind, werden sie noch einmal kurz in kochendes Wasser getaucht. Sobald die ersten Blasen aufsteigen, abgießen und in die Schüssel zurückfüllen. Mit dem Öl beträufeln, damit sie nicht zusammenkleben.

Vor dem Servieren die Butter in einer großen Pfanne zerlassen und die Spätzle darin leicht anbräunen.

GEMÜSE UND BEILAGEN

Rotkohl mit Feigen

Schmeckt herrlich zu Wild!

FÜR 4 PERSONEN

1 Rotkohl (800 g)
8 getrocknete Feigen
200 g Zwiebeln
1/4 l Rotwein
100 ml Portwein
3 EL Rotweinessig
3 Scheiben frischer Ingwer
1 Prise Zucker
100 ml Olivenöl
Salz

Den Kohl am Vorabend vierteln und den Strunk herausschneiden. Jedes Kohlviertel in sehr feine Streifen schneiden. Zucker, Essig und Salz zufügen und gut vermischen. Die ganze Nacht durchziehen lassen.
Backofen am nächsten Tag auf 150 Grad vorheizen. Die Zwiebeln schälen und fein hacken. Die Feigen in kleine Würfel schneiden. Das Öl in einem gußeisernen Schmortopf erhitzen und die Zwiebeln darin leicht anbräunen. Den marinierten Kohl und die Feigen zugeben und mit Rotwein und Portwein aufgießen. Ingwer zugeben und den Schmortopf zugedeckt in den vorgeheizten Backofen stellen. 1 1/2 Stunden kochen, bis der Kohl schön weich ist.
Vor dem Servieren gut durchmischen und abschmecken.

Frische Nudeln auf Elsässer Art

Für dieses klassische elsässische Rezept verwendet man nur Eigelb. Die gekochten Nudeln werden niemals »al dente« sein. Sie sind weich und passen zu allen Gerichten mit Sauce.

FÜR 4 BIS 6 PERSONEN

500 g Mehl
10 Eigelb
1/2 EL Essig
2 EL Erdnußöl
Salz

ZUM SERVIEREN:
120 g Butter

Mehl, Eigelb, Essig und Salz in eine Rührschüssel geben. Bei niedriger Geschwindigkeit so lange verkneten, bis ein glatter, homogener Teig entstanden ist.
Aus dem Teig vier Kugeln formen und diese zu vier sehr dünnen Rechtecken ausrollen. Am besten geht das mit einem Nudelholz. Die Teigrechtecke auf einem Küchentuch 20 Minuten trocknen lassen, dann aufrollen. In 2 mm breite Streifen schneiden und die Nudeln auseinanderziehen.
In einem großen Kochtopf Wasser zum Kochen bringen, das Öl zufügen. Reichlich salzen, dann die Nudeln dazugeben. Sobald das Wasser aufkocht, dürfen die Nudeln nur

noch 1 Minute kochen. Abgießen und in kaltem Wasser abschrecken.

Vor dem Servieren noch einmal für 1/2 Minute in kochendes Wasser tauchen, abgießen und mit zerlassener Butter vermischen.

Mais-Getreide-Plätzchen

FÜR 4 PERSONEN

250 g Mais (aus der Dose)

50 g Wildreis (30 Minuten in Wasser gekocht)

50 g Perlgraupen (30 Minuten in Wasser gekocht)

50 g Grünkern (1 1/2 Stunden in Wasser gekocht)

3 Eier • 3 EL Mehl

4 EL Erdnußöl

Salz

Den Mais abgießen und 200 g davon in eine Rührschüssel geben. Eier, Mehl und Salz zufügen und 1 1/2 Minuten mixen, bis ein feines Püree entstanden ist. In eine große Schüssel füllen. Den restlichen Mais und das Getreide zugeben und alles gut vermischen. Das Öl in einer beschichteten Pfanne erhitzen. Mit dem Löffel kleine Plätzchen von 6 cm Durchmesser formen und von beiden Seiten ungefähr 3 Minuten goldbraun braten. Zum Abtropfen auf Küchenpapier legen. Heiß servieren.

Kartoffelplätzchen

Dieses ursprünglich jüdische Rezept aus dem Unterelsaß ist schon lange in die traditionelle elsässische Regionalküche eingegangen. Sie werden auch »Grumberakiachla« genannt. Die leckeren Kartoffelplätzchen passen hervorragend zu Reh oder Rind. Einfach nur mit einem Salat serviert, wird daraus eine herrliche kleine Mahlzeit.

FÜR 4 PERSONEN

800 g mehligkochende Kartoffeln (z. B. Charlotte)

120 g feingeschnittene Petersilie

2 Eier • 1 Eigelb

20 g Mehl • 100 g Zwiebeln

15 g frisch geriebener Ingwer

4 EL Erdnußöl

4 Msp gemahlene Muskatnuß

Salz, Pfeffer

Kartoffeln und Zwiebeln schälen. Auf einer Reibe für Streichholzkartoffeln fein reiben. Ingwer, Petersilie, Eier, Eigelb und Muskat zugeben. Salzen und pfeffern und alles gut vermischen.

Das Öl in einer beschichteten Pfanne erhitzen. Mit Hilfe eines Eßlöffels den Teig in Form von kleinen Plätzchen in das heiße Fett geben. Auf beiden Seiten in 5 Minuten goldbraun braten. Auf Küchenpapier abtropfen lassen und heiß servieren.

Gedünstete Kartoffeln nach Art des Münstertals, mit Oliven und Thymian aromatisiert

FÜR 6 BIS 8 PERSONEN

1 kg mehligkochende Kartoffeln
(z. B. Primura)
200 g Zwiebeln
150 ml trockener Weißwein
1 l Geflügelfond (S. 135)
100 g schwarze Oliven (entkernt)
2 Knoblauchzehen
3 Thymianzweige
100 g Butter
10 EL Olivenöl (erste Pressung)
2 EL Crème fraîche (oder saure Sahne)
Salz, Pfeffer

Zwiebeln und Knoblauchzehen schälen und hacken. Die Kartoffeln schälen und in Würfel schneiden. Die Oliven fein hacken.

6 Eßlöffel Olivenöl in einen gußeisernen 4-Liter-Topf geben und Knoblauchzehen und Zwiebeln darin anschwitzen. Mit Weißwein ablöschen. Die Kartoffeln zugeben und mit Geflügelfond aufgießen. Thymian, Salz und Pfeffer zufügen, gut vermischen und zugedeckt 2 1/2 Stunden bei sehr niedriger Hitze garen, zwischendurch immer wieder umrühren.

Am Ende der Garzeit sind die Kartoffeln zu Püree zerfallen und haben die ganze Flüssigkeit aufgesogen. Den Thymian entfernen. Die gehackten Oliven, die in Flöckchen geschnittene Butter, Crème fraîche oder saure Sahne und das restliche Olivenöl zugeben. Mit einem Kochlöffel verrühren und sofort servieren.

Hopfensprossentorte

Hopfen ist einer der wichtigsten Bestandteile bei der Herstellung von Bier. Hopfensprossen ergeben ein hervorragendes Gemüse, zart und leicht bitter im Geschmack.

FÜR 6 PERSONEN

250 g Mürbeteig

1/4 l Sahne

4 Eier

3 EL helles Bier

600 g Hopfensprossen

50 g geriebener Parmesankäse

60 g Sesamsamen

1 Msp Piment

2 EL Zitronensaft

25 g Butter

Salz, Pfeffer

Butter zum Einfetten der Form

Die Hopfensprossen putzen, die harten Teile am unteren Ende entfernen. Die Sprossen waschen und abtropfen lassen.

Butter in einer großen beschichteten Pfanne zerlassen und die Hopfensprossen darin mit Salz, Pfeffer und Zitronensaft andünsten. 2 Eßlöffel Wasser zugeben und die Sprossen 10 Minuten kochen lassen. Abgießen.

Den Backofen auf 210 Grad vorheizen. Eine Tortenform von 26 cm Durchmesser mit Butter ausstreichen und mit Mürbeteig auslegen. Den Teig mit einer Gabel mehrere Male einstechen und ungefähr 15 Minuten blindbacken.

Sahne und Eier miteinander verquirlen. Bier, Sesam, Piment, Salz und Pfeffer zufügen und gut vermischen.

Den vorgebackenen Tortenboden mit Hopfensprossen auslegen. Die Sesam-Mischung darübergießen und die Torte 15 Minuten im Ofen backen. Mit Parmesan bestreuen und den Käse im Ofen etwas schmelzen lassen.

Die Torte auf eine Platte gleiten lassen und heiß servieren. Als Beilage in Butter geröstete Brotwürfelchen und grünen Salat reichen. Als Getränk paßt am besten Bier.

Desserts und Gebäck

Gugelhupf

FÜR 8 PERSONEN

FÜR DEN TEIG:
240 ml Milch
15 g Hefe
600 g Mehl • 10 g Salz
125 g Zucker
3 Eier
120 ml Milch
200 g weiche Butter

ZUM FERTIGSTELLEN:
einige ganze Mandeln
100 g Sultaninen
etwas Kirschwasser
Puderzucker

Für den Vorteig die Hefe in 120 ml lauwarmer Milch auflösen, dann 200 g Mehl untermischen, so daß ein dicker Teig entsteht. An einem warmen Ort zugedeckt 30 Minuten gehen lassen.

Die Sultaninen in etwas Kirschwasser einlegen.

Das restliche Mehl in eine Schüssel sieben. Salz, Zucker und die restliche lauwarme Milch hinzufügen. Alles vermischen und die Eier und die Hälfte der Butter zugeben.

Den Teig gut durchkneten, dann die restliche Butter in kleinen Flöckchen einarbeiten. Den Teig 15 Minuten ruhen lassen. Nun die Hefemasse zugeben und den Teig so lange durchkneten, bis ein glatter homogener Teig entstanden ist.

Den Teig noch ein paar Minuten durcharbeiten, er muß sich gut vom Schüsselboden lösen. Nun die getränkten Sultaninen untermischen. Die Schüssel mit einem Küchentuch bedecken und den Teig an einem warmen Ort 1 Stunde gehen lassen. Wenn der Teig sein Volumen verdoppelt hat, nochmals kräftig durchkneten.

Eine Gugelhupfform mit Butter einfetten und in jeden Rillenboden eine ganze Mandel legen. Den Teig in die Form füllen und die Form ein paar Mal auf den Tisch stoßen, damit sich die Teigoberfläche glättet.

Den Backofen auf 180 Grad vorheizen. Den Teig in der Form noch etwas ruhen lassen, er sollte bis an den Rand der Form aufgehen. Den Kuchen nun 1 Stunde im Ofen backen. Aus dem Ofen nehmen und aus der Form stürzen, abkühlen lassen. Mit Puderzucker bestäuben.

Lebkuchen-Charlotte mit getrockneten Früchten

FÜR 6 PERSONEN

200 ml Milch • 55 g Blütenhonig
20 g kandierte Orangenschalen
20 g kandierte Zitronenschalen
1 TL gemahlener Zimt
1 gemahlene Gewürznelke
1 Msp gemahlene Muskatnuß
4 Eigelb • 25 g Zucker
40 g Mandeln und Haselnüsse
2 Blätter Gelatine
250 g sehr kalte Sahne
3 cl Kirschwasser
12 Scheiben weiches Honigbrot
(oder Lebkuchen)
getrocknete Pflaumen, Aprikosen und Feigen
Korinthen
frische Rosinen (in heißem
Gewürztraminer eingelegt)
Krokant (feingehackt)
1/4 l Sirup (s. Pfirsichrezept S. 118)

Die Milch erhitzen. Den Honig in eine Stielkasserolle geben, mit der Milch aufgießen und die feingehackten Zitronen- und Orangenschalen hinzufügen. Zimt, Gewürznelke und Muskat untermischen. Vom Herd nehmen und durchziehen lassen.

Eigelb und Zucker mit dem Schneebesen verrühren, bis die Masse das Volumen verdoppelt hat und schön schaumig ist. Die Schaummasse vorsichtig unter die Gewürzmilch heben.

Die Masse bei niedriger Hitze unter ständigem Rühren erwärmen, bis eine dickflüssige Creme entstanden ist. Auf keinen Fall kochen lassen (Bei 85 Grad fängt die Creme an zu kochen.). Vom Herd nehmen.

Haselnüsse und Mandeln hacken und unter dem Grill oder bei Oberhitze im Backofen leicht bräunen.

Die Gelatine in kaltem Wasser einweichen, ausdrücken und in einer Schüssel mit dem Schneebesen zu kleinen Stückchen verschlagen. Zur Creme geben und gut verrühren.

Die Sahne steif schlagen und mit den Mandeln und Haselnüssen unterheben. Mit 1 cl Kirschwasser aromatisieren und in den Kühlschrank stellen.

Sirup und restliches Kirschwasser miteinander verrühren. Die Honigbrotscheiben kurz in den Sirup tunken und Boden und Rand einer Charlotte-Form leicht überlappend damit auslegen.

Die abgekühlte Creme daraufgießen und die Form ein paar Mal auf den Tisch stoßen, damit sich die Masse gut setzt. Die Oberfläche mit Honigbrotscheiben bedecken und mindestens für 6 Stunden in den Kühlschrank stellen.

Vor dem Servieren die Trockenfrüchte und die in heißen Gewürztraminer eingelegten Rosinen in einer Schale anrichten.

Die Charlotte aus der Form stürzen, mit dem gehackten Krokant bestreuen und mit den Trockenfrüchten servieren.

Sorbet von Lindenblütenblättern und Gewürztraminer

Wein und Lindenblüten entwickeln gemeinsam einen besonders feinen, delikaten Geschmack. Im Elsaß weiß man diese Melange sehr zu schätzen.

FÜR 10 PERSONEN

750 ml Gewürztraminer
6 EL Lindenblütenblätter
(frisch oder getrocknet)
125 g Zucker
2 EL Zitronensaft

125 ml Wasser in eine Stielkasserolle gießen und den Zucker und die Lindenblüten hinzufügen. Zum Kochen bringen und so lange rühren, bis sich der Zucker aufgelöst hat. 30 Minuten durchziehen lassen.
Nun den Wein und den Zitronensaft zugeben, alles vermischen und durch ein Sieb abgießen. In einer Sorbetiere fest werden lassen. Das Sorbet in Schälchen anrichten.
Wer möchte, kann kurz vor dem Servieren ein wenig Gewürztraminer über das Sorbet träufeln.

Kalte Zabaione von Gewürztraminer

Daß diese Weinschaumcreme so besonders gut schmeckt, liegt an dem wunderbar fruchtigen Geschmack des Gewürztraminers. Natürlich kann die Creme auch warm serviert werden.

FÜR 4 PERSONEN

400 ml Gewürztraminer
1/4 l kalte Sahne
190 g Zucker
9 Eigelb

Den Wein in eine Schlagschüssel aus Edelstahl oder einen Kupfertopf geben. Eigelb und 140 g Zucker hinzufügen und auf dem Herd so lange mit dem Schneebesen rühren, bis eine dickschaumige, sämige Creme entstanden ist. Vom Herd nehmen und so lange weiterrühren, bis die Creme fast kalt ist.
Die Zabaione mindestens 1 Stunde, maximal 12 Stunden in den Kühlschrank stellen.
Vor dem Servieren die kalte Sahne mit dem Zucker steif schlagen und unter die Zabaione heben.
Auf Schälchen verteilen und servieren.

Quarksoufflé

FÜR 6 PERSONEN

160 g Speisequark (40 % Fett i. Tr.)
4 Eigelb • 5 Eiweiß
130 g Zucker
1 Vanilleschote
80 g Korinthen
abgeriebene Schale von
1 unbehandelten Zitrone

FÜR DIE FORMEN:
20 g Butter
50 g Zucker

FÜR DIE FRUCHTSAUCE:
500 g rote Früchte
125 g Zucker
1 EL Zitronensaft

Die Früchte waschen und mit dem Zucker und dem Zitronensaft im Mixer pürieren. Im Kühlschrank kalt stellen.

Die Soufflés zubereiten: Die Korinthen in eine Schüssel geben und mit kochendem Wasser gut bedecken. 10 Minuten quellen lassen.

Den Backofen auf 180 Grad vorheizen. Sechs Souffléförmchen von je 6 cm Durchmesser mit Butter ausstreichen und mit Zucker bestreuen. Zwischen den Händen hin und her drehen, so daß die Böden und die Wände gleichmäßig von Zucker bedeckt werden. Die Souffléförmchen in eine feuerfeste Form stellen.

Die Vanilleschote halbieren und das Mark herauskratzen. Die Eigelb zusammen mit 80 g Zucker, dem Vanillemark und der Zitronenschale mit dem Schneebesen zu einer schaumigen Masse verrühren. Den Speisequark unter ständigem Rühren zugeben. Die Korinthen abgießen und untermischen.

Die Masse in die Förmchen füllen und die Oberfläche glattstreichen. Kaltes Wasser in die Form gießen, so daß die Förmchen zu zwei Dritteln im Wasser stehen. In den heißen Ofen stellen und 20 Minuten backen.

In der Zwischenzeit die Fruchtsauce auf sechs Teller verteilen. Wenn die Quarksoufflés fertig sind, in die Mitte der Teller stürzen und sofort servieren.

Weinbergpfirsiche mit Elsässer Spätburgunder und Zimteis

Die spät reifenden, aromatischen roten Pfirsiche findet man auf unseren Märkten bis Ende Oktober. Einen besonders kräftigen Geschmack entwickeln sie, wenn man sie im Ganzen kocht.

FÜR 4 PERSONEN

8 Weinbergpfirsiche
1/2 Flasche Pinot noir (Spätburgunder)
1 EL Zitronensaft • 1 Zimtstange

FÜR DEN SIRUP:
250 g Zucker • 1/4 l Wasser

FÜR DAS EIS:
1/2 l Milch • 100 g Zucker
5 Eigelb • 2 Zimtstangen

Das Eis zubereiten: Die Milch mit dem Zimt aufkochen und 10 Minuten durchziehen lassen. Eigelb und Zucker mit dem Schneebesen verrühren und die heiße Milch untermischen. Diese Creme zum Kochen bringen, durch ein feines Sieb abgießen und abkühlen lassen. In einer Sorbetiere gefrieren lassen.
Die Pfirsiche 1 Minute in kochendes Wasser legen, abgießen, in eiskaltes Wasser tauchen und schälen.
Den Sirup zubereiten: Wasser in eine Stielkasserolle geben, den Zucker zufügen und alles zum Kochen bringen. 5 Minuten kochen, dann abkühlen lassen. Wein, Zimt und Zitronensaft zugeben, zum Kochen bringen und die Pfirsiche hinzufügen. Zugedeckt etwa 10 Minuten leise köcheln, dann lauwarm abkühlen lassen.
Das Eis mit einem Eßlöffel in Nocken abstechen und zu den Pfirsichen servieren.

Quittensorbet

FÜR 10 PERSONEN

6 große Quitten (ca. 1,8 kg)
500 g Zucker • Quittengeist
2 EL Zitronensaft

Die Quitten mit einem feuchten Küchentuch abreiben, um die filzige Haut zu entfernen. In Viertel schneiden, dabei die Kerne nicht entfernen, und 12 Stunden an der Luft liegen lassen.
Die Quitten nach 12 Stunden in einen großen Topf geben, 1/2 Liter Wasser und den Zucker zugeben. Zum Kochen bringen und 3 Stunden bei schwacher Hitze schmoren lassen. Dann die Quitten durch ein feines Sieb streichen, den Zitronensaft hinzufügen und in einer Sorbetiere gefrieren lassen.
Das Quittensorbet in hohe Gläser füllen und mit Quittengeist beträufeln.

Jacques Gander, Wildhüter und Imker in Illhaeusern

Quittenstrudel mit Sorbet und Hagebuttensauce

FÜR 10 PERSONEN

FÜR DEN TEIG:
250 g Mehl • 1 Eigelb
1 Msp Salz • 1 EL Erdnußöl

FÜR DIE QUITTEN:
500 g Quitten • 250 g Zucker

FÜR DIE MANDELCREME:
300 g weiche Butter
250 g Zucker • 6 Eier
300 g gemahlene Mandeln
30 g Mehl
75 g Konditorcreme (S. 137)
100 ml Quittengeist

FÜR DIE SAUCE:
250 g Hagebuttenmark
125 g Zucker • 1 EL Zitronensaft

ZUM FERTIGSTELLEN:
25 g zerlassene Butter
1 EL Puderzucker

Die Hagebuttensauce zubereiten: Das Hagebuttenmark in einen Topf geben. 1/4 Liter Wasser, den Zitronensaft und den Zucker zugeben. 10 Minuten kochen lassen, abkühlen und in einer Sorbetiere gefrieren lassen.

Die Quitten zubereiten: 1/2 Liter Wasser mit dem Zucker in einen großen Topf geben und zum Kochen bringen. Quitten schälen und in feine Streifen schneiden, die Kerne entfernen. In den Sirup geben und 20 Minuten leise köcheln lassen.

Für die Mandelcreme Eier, Zucker und Mehl vermischen. Butter, Mandeln und Quittengeist zugeben, alles gut verrühren und unter die Konditorcreme mengen.

Den Teig zubereiten: Mehl in eine Schüssel sieben, Eigelb, Öl und 1 Eßlöffel Wasser sowie das Salz zugeben. Alles gut vermengen, bis ein weicher homogener Teig entstanden ist. Auf ein bemehltes Küchentuch legen und mit einer Glocke oder Salatschüssel bedecken. Den Teig an einem warmen Ort 45 Minuten ruhen lassen.

Wenn der Teig lange genug geruht hat, den Backofen auf 210 Grad vorheizen. Den Teig auf einem bemehlten Tuch mit dem Nudelholz dünn ausrollen. Nun die Hände mit Mehl bestäuben, unter den Teig greifen und ihn an allen Seiten vorsichtig ausziehen, bis er so dünn und durchsichtig ist wie Papier. Teig in Rechtecke von 20 x 10 cm schneiden und jedes mit Mandelcreme bestreichen. Die abgetropften Quittenstreifen darauflegen und die kleinen Strudel aufrollen. Nacheinander auf ein beschichtetes Backblech legen und mit zerlassener Butter bestreichen.

In den Backofen schieben und 20 Minuten backen. Wenn die Strudel fertig sind, mit Puderzucker bestäuben und unter dem heißen Grill des Backofens kurz bräunen. Lauwarm servieren. Zu jedem Strudel einen Eßlöffel Quittensorbet auf Hagebuttensauce anrichten.

Apfelstrudel

Ein großer Klassiker der österreichischen Küche: Mit dem dünnen knusprigen Teig und der aromatischen zarten Füllung schmeckt der Apfelstrudel wunderbar. Probieren Sie ihn auch einmal mit Englischer Creme (S. 137).

FÜR 6 PERSONEN

FÜR DEN TEIG:
250 g Mehl • 1 Ei
1 EL Erdnußöl
1 Msp Salz

FÜR DIE FÜLLUNG:
2 kg Renetten
80 g Paniermehl
50 g Korinthen
200 ml Rum
150 g Zucker

ZUM FERTIGSTELLEN:
100 g zerlassene Butter
2 EL Puderzucker

Den Teig zubereiten: Mehl in eine Schüssel sieben und das Ei, das Öl, 4 Eßlöffel Wasser und das Salz zugeben. Alles gut vermengen, bis ein weicher homogener Teig entstanden ist. Auf ein bemehltes Küchentuch legen und mit einer Glocke oder Salatschüssel abdecken. An einem warmen Ort etwa 45 Minuten ruhen lassen.

Die Äpfel vierteln, schälen und die Kerngehäuse entfernen. Die Apfelviertel in feine Blättchen schneiden. Zucker und Rum zugeben und vermischen. Die Rosinen dazugeben und nochmals gut vermischen. Durchziehen lassen.

Wenn der Teig lange genug geruht hat, den Backofen auf 210 Grad vorheizen. Den Teig auf einem bemehlten Tuch mit dem Nudelholz dünn ausrollen. Die Hände mit Mehl bestäuben, unter den Teig greifen und ihn an allen Seiten vorsichtig ausziehen, bis er so dünn und durchsichtig ist wie Papier.

Die Oberfläche des Teiges mit der Hälfte der zerlassenen Butter bestreichen, mit dem Paniermehl bestreuen und Äpfel und Rosinen darauf verteilen. Den Rand des Tuchs mit beiden Händen anheben und den Strudel so aufrollen, daß eine lange Rolle entsteht. Eine feuerfeste Form leicht mit Butter einfetten und den Strudel hineinsetzen. Die Oberfläche etwas mit zerlassener Butter bestreichen und den Strudel in den heißen Ofen schieben. 30 Minuten backen, dabei zwischendurch immer wieder mit Butter bestreichen.

Wenn der Strudel fertig ist, aus dem Ofen nehmen und mit Puderzucker bestäuben. Heiß servieren.

Kleiner heißer Rhabarberstrudel mit Sorbet

Im Elsaß gibt es viele Gerichte mit Rhabarber. Ich hatte die Idee, daraus diesen herrlichen Strudel zuzubereiten.

FÜR 4 PERSONEN

FÜR DEN TEIG:
250 g Mehl • 1 Eigelb
1 EL Erdnußöl
1 Msp Salz

FÜR DIE FÜLLUNG:
800 g Rhabarber
400 g Zucker
100 g Torten- oder Löffelbiskuit

FÜR DAS SORBET:
1 kg Rhabarber
200 g Zucker • 2 EL Zitronensaft

ZUM FERTIGSTELLEN:
50 g Butter • 2 EL Puderzucker

Die Füllung am Vorabend zubereiten: Den Rhabarber schälen, in Würfel schneiden und zusammen mit 100 g Zucker in eine Schüssel geben. Vermischen und 12 Stunden durchziehen lassen.

Das Sorbet zubereiten: Rhabarber schälen und in Würfel schneiden. Mit Zucker und Zitronensaft in einen Topf geben und 2 Minuten kochen. Abtropfen lassen, im Mixer pürieren. In einer Sorbetiere gefrieren lassen.

Den Teig zubereiten: Mehl in eine Schüssel sieben, Eigelb, Öl, dieselbe Menge Wasser sowie das Salz zugeben. Alles gut vermengen, bis ein weicher homogener Teig entstanden ist. Auf ein bemehltes Küchentuch legen und mit einer Glocke oder Salatschüssel bedecken. Den Teig an einem warmen Ort 45 Minuten ruhen lassen.

Teig auf einem bemehlten Tuch mit dem Nudelholz dünn ausrollen. Die Hände mit Mehl bestäuben, unter den Teig greifen und auf allen Seiten vorsichtig ausziehen, bis er so dünn und durchsichtig ist wie Papier.

Den Backofen auf 210 Grad vorheizen. Den Biskuit in kleine Teile brechen und mit dem gekochten Rhabarber vermischen.

Die Oberfläche des Teigs mit der Hälfte der zerlassenen Butter bestreichen und die Rhabarbermischung darauf verteilen. Den Rand des Tuchs mit beiden Händen anheben und den Strudel so aufrollen, daß eine lange Rolle entsteht.

Eine feuerfeste Form leicht mit Butter einfetten und den Strudel hineinsetzen. Mit etwas zerlassener Butter bestreichen und in den Backofen schieben. 30 Minuten backen, dabei zwischendurch immer wieder mit der zerlassenen Butter bestreichen.

Wenn der Strudel fertig ist, aus dem Ofen nehmen, mit Puderzucker bestreuen und in Scheiben schneiden. Auf sechs Teller verteilen und jeweils einen Eßlöffel Rhabarbersorbet daneben setzen. Sofort servieren.

Sie können dieses Dessert auch mit Englischer Creme servieren (S. 137).

Kastanienmousse

FÜR 6 PERSONEN

700 g frische Maronen (geschält)
125 g Zucker
125 g Butter
5 Eigelb
400 ml Sahne
6 Blatt weiße Gelatine
2 EL Rum

Die Maronen in einen Topf geben, mit Wasser bedecken und zum Kochen bringen. 45 Minuten kochen lassen, dann abgießen und die Maronen durch eine Passetout pressen. Das Püree lauwarm abkühlen lassen und Butter und Rum untermischen.
Die Gelatine in kaltem Wasser einweichen. Zucker und Eigelb in einer Schlagschüssel über dem Wasserbad mit dem Schneebesen zu einer schaumigen Creme rühren. Die abgetropften Gelatineblätter dazugeben und verrühren, bis sie sich aufgelöst haben. Vom Herd nehmen und so lange rühren, bis die Masse abgekühlt ist. Das Maronenpüree unterziehen.
Die Sahne steif schlagen und unter die Masse ziehen. Die Mousse in eine Schale füllen und mindestens 6 Stunden im Kühlschrank ruhen lassen.
Mit einem Eßlöffel Nocken abstechen und mit einer mit Rum aromatisierten Englischen Creme servieren.

Vanillecreme mit Honigkuchen

FÜR 4 PERSONEN

200 g Crème fraîche
4 Scheiben Honig- oder Lebkuchen
30 g Zucker
2 Eigelb
1/2 Vanilleschote
Rohzucker

Die Vanilleschote aufschneiden und mit der Crème fraîche und der Hälfte des Zuckers in einen Topf geben. Zum Kochen bringen.
Das Eigelb mit dem restlichen Zucker verrühren und unter ständigem Rühren die kochende Milch zugießen.
Den Backofen auf 85 Grad vorheizen. Den Honigkuchen in kleine Würfel schneiden und auf vier flache Auflaufförmchen verteilen. Mit Vanillesauce auffüllen.
Die Förmchen in den Ofen stellen und 45 Minuten backen, bis die Creme schön fest ist. Aus dem Ofen nehmen und abkühlen lassen, bis sie lauwarm ist.
Den Grill vorheizen. Vanillecreme mit etwas Rohzucker bestreuen und die Förmchen direkt unter den Grill stellen. Die Creme soll sehr schnell bräunen. Sofort servieren.

Elsässer Weine und Branntweine

Das Weinbaugebiet Elsaß

Schon im 11. Jahrhundert vor Christus bauten die Römer im Elsaß Wein an. In den darauffolgenden Jahrhunderten wurde der Weinbau durch das Christentum weiter vorangetrieben, Mönche stellten Weine und Branntweine in den Klöstern her.

Im Mittelalter galt Elsässer Wein als einer der besten in Europa, und zu der Zeit avancierte das Elsaß auch zum Zentrum für europäischen Wirtschaftsverkehr. Viele europäischen Händler kauften dort ihre Weine, die dann auf der Ill von Colmar aus nach Straßburg, an Illhaeusern vorbei, verschifft wurden. Von Straßburg aus ging es über den Rhein nach Deutschland. Später gelangte der Wein nach Holland und England.

Nach der Revolution, im Zeitalter Napoleons, wurden die Weine »vins de Rhin français«, französische Rheinweine, genannt. Nach der deutschen Invasion 1871 hießen sie »vins du Rhin« – Rheinweine, wie die in Deutschland produzierten Weine auch.

Als das Elsaß 1918 wieder zu Frankreich kam, wurden die Winzer dazu verpflichtet, wertvolle Rebsorten zu pflanzen, die den verschiedenen Böden und den klimatischen Bedingungen am besten gerecht wurden. In Bergheim und in Ammerschwihr wurden nun Gewürztraminer angebaut, in Riquewihr Riesling und in Mittelbergheim Silvaner.

1962 erlangte das Elsaß den A.O.C.-Status; 1976 bekam der »Crémant d'Alsace«, hergestellt nach der Champagnermethode, ebenfalls die A.O.C.

1983 wurden – analog zu den »Clos« im Burgund – die »Grands Crus« eingeführt, 1984 kamen noch die »Vendange Tardive« (Spätlese) und die »Sélection de grains nobles« (edelsüße Beerenauslese) hinzu.

Die Rebsorten

Silvaner (28 Prozent der Rebfläche): Ergibt einen frischen, leichten, vollmundigen Wein.

Pinot blanc und Auxerrois (18 Prozent der Rebfläche): Ein fruchtiger, würziger, runder Wein, der auch den Grundwein für den »Crémant d'Alsace« liefert. Paßt gut zum Aperitif und zu rustikalen Gerichten wie Quiches, Tartes und Wurstwaren.

Elsässer Muscat (4 Prozent der Rebfläche): Ein Aperitif-Wein, leicht, frisch, fruchtig, reich an Aroma und Geschmack. Der einzige trockene Muskatellerwein Frankreichs.

Chasselas (4 Prozent der Rebfläche): Einfacher Wein ohne besondere Eigenheiten. Im Rückgang begriffen.

Tokay-Pinot gris (5 bis 6 Prozent der Rebfläche): Reicher, feuriger Wein, der gut altert. Die Pflanzen wurden aus Ungarn importiert. Bis vor ein paar Jahren hieß der Wein noch »Tokay«. Um eine Verwechslung mit dem ungarischen Tokajer zu vermeiden, muß nun immer »Pinot gris« (Grauburgunder) auf dem Etikett ergänzt werden. Schmeckt hervorragend zu Gänsestopfleber (edelsüße Beerenauslese und Spätlese), zu Fisch und Krustentieren, Geflügel und weißem Fleisch.

Serge Dubs,
Sommelier in der Auberge de l'Ill

Riesling (etwa 20 Prozent der Rebfläche): Reicher Wein, fruchtig, trocken, reich an Tanninen. Paßt gut zu Fisch und Krustentieren, Meeresfrüchten, Sauerkraut und Baeckeoffa.

Gewürztraminer (etwa 18 bis 20 Prozent der Rebfläche): Der König der Elsässer Weine, würzig, rund, fruchtig, mit einer gewissen Süße. Paßt ausgezeichnet zu Gänsestopfleber (Auslese und Spätlese); zu Munster und Maroilles (Weichkäse); zu süßlichen Gerichten wie Ente in Orangensauce oder exotischen Gerichten; zu Desserts (edelsüße Beerenauslese und Spätlese).

Pinot noir/Spätburgunder (etwa 6 Prozent der Rebfläche): Der einzige Rotwein aus dem Elsaß hat manchmal die Farbe einer roten Zwiebel, ist manchmal roséfarben, ein anderes Mal vollrot. Paßt ausgezeichnet zu rotem Fleisch und Wildgerichten.

Meine bevorzugten Häuser:

Beyer in Eguisheim
Bott Frères in Ribeauvillé
Madame Faller in Kaysersberg
Hugel in Riquewihr
Josmeyer in Wintzenheim
Marc Kreydenweiss in Andlau
Lorentz in Bergheim
Preiss Henny in Mittelwihr
Rolly Gassmann in Rorschwihr
Schlumberger in Guebwiller
Trimbach in Ribeauvillé
Zindt Humbrecht in Wintzenheim

Die Branntweine

Im Elsaß werden hervorragende Obstbrände hergestellt. Die Qualität eines Obstbrandes erkennt man an seinem Körper, vor allem aber auch an seinem Bukett: Man muß beim ersten Riechen sofort die Frucht erkennen können.
Im Villé-Tal findet man die meisten Destillerien. Dort werden Branntweine aus Wildfrüchten wie Hagebutten und Vogelkirschen oder aus Tannenspitzen hergestellt, aber auch aus kultivierten Früchten wie Kirschen, Mirabellen, Zwetschgen und Birnen. Das Haus Métté in Ribeauvillé wird von einem wahren Künstler geleitet, der berühmt ist für seine Branntweine aus Holunderbeeren, Akazienblüten oder sogar aus Thymian und Rosmarin. Massenez dagegen stellt einen traumhaft guten Himbeergeist her.

Meine bevorzugten Häuser:

Massenez in Dieffenbach-au-Val
Métté in Ribeauvillé
Miclo in Lapoutroie
Théo Preiss in Mittelwihr

Grundrezepte

Kalbsfond

FÜR 1 LITER FOND

1 Kalbshaxe und Kalbsknochen
1 Geflügelkarkasse
2 l trockener Weißwein
4 Zwiebeln • 3 Möhren
1/2 Knollensellerie
2 reife Tomaten
4 EL Tomatenmark
2 Knoblauchzehen
1 Kräutersträußchen (bestehend aus 2 Thymianzweigen, 2 Lorbeerblättern, 6 Petersilienzweigen)
2 EL Öl
Salz, Pfeffer

Zwiebeln, Tomaten, Möhren und Sellerie schälen und in kleine Würfel schneiden. Das Öl in einem Schmortopf erhitzen. Geflügelkarkasse, Kalbshaxe und Kalbsknochen dazugeben. Gut durchrühren und das Gemüse zufügen. Alles goldbraun anbraten, dann den Weißwein angießen und Wasser auffüllen, bis alles gut bedeckt ist. Das Kräutersträußchen, die ungeschalten Knoblauchzehen, Tomatenmark und etwas Salz und Pfeffer zugeben. Zum Kochen bringen und zugedeckt etwa 3 Stunden bei schwacher Hitze schmoren lassen.

Den Kalbsfond durch ein feines Sieb gießen. Der Fond hält sich im Kühlschrank 24 Stunden, Sie können ihn aber auch einfrieren.
Das Fleisch der Kalbshaxe am besten für einen Salat verwenden.

Wildfond

FÜR 1 LITER FOND

1 kg Wildabfälle
1 l trockener Weißwein
2 Zwiebeln • 2 Schalotten
2 Möhren • 2 Lauchstangen
1/2 Knollensellerie
2 Knoblauchzehen
4 EL Tomatenmark
1 Kräutersträußchen (bestehend aus 2 Thymianzweigen, 2 Lorbeerblättern und 6 Petersilienzweigen)
2 EL Öl
Salz, Pfefferkörner

Das Gemüse schälen und in kleine Würfel schneiden.
Die Wildabfälle im Öl goldbraun anbraten, weitere Zubereitung wie im Rezept für Kalbsfond.
Läßt sich wie Kalbsfond 24 Stunden im Kühlschrank aufbewahren und auch einfrieren.

Geflügelfond

FÜR 1 LITER FOND

2 Geflügelkarkassen
1 l trockener Weißwein
2 Zwiebeln • 2 Möhren
1/2 Knollensellerie
2 reife Tomaten
2 Knoblauchzehen
1 Kräutersträußchen (bestehend aus 2 Thymianzweigen, 2 Lorbeerblättern und 6 Petersilienzweigen)
Salz, Pfefferkörner

Zwiebeln, Tomaten, Möhren und Sellerie schälen und in Würfel schneiden. Mit den Geflügelkarkassen, dem Kräutersträußchen, den ungeschälten Knoblauchzehen, etwas Salz und Pfefferkörnern in einen großen Schmortopf geben. Mit Wein und Wasser aufgießen, bis alles gut bedeckt ist, und zum Kochen bringen. Zugedeckt bei geringer Hitze 3 Stunden leise schmoren lassen.
Den Geflügelfond durch ein feines Sieb gießen. Er hält sich im Kühlschrank 24 Stunden, kann aber auch eingefroren werden.

Fischfond

FÜR 2 LITER FOND

1 kg Abfälle von Weißfischen
(Köpfe, Gräten)
1 l trockener Weißwein
1/4 Knollensellerie
1 Lauchstange • 3 Schalotten
1 Kräutersträußchen (bestehend
aus 1 Thymianzweig,
1 Lorbeerblatt,
6 Petersilienzweigen,
1 Estragonzweig)
Salz, Pfefferkörner

Schalotten, Lauch und den Sellerie schälen und in kleine Würfel schneiden. Zusammen mit den Fischabfällen in einen großen Topf geben, den Wein und 1 Liter Wasser zugeben. Kräutersträußchen, Salz und Pfefferkörner zufügen und alles zum Kochen bringen. 45 Minuten kochen lassen, zwischendurch immer wieder abschäumen.

Den Fond abkühlen lassen. Er hält sich im Kühlschrank 12 Stunden, man kann ihn aber auch einfrieren.

Weißweinsauce

FÜR 1/2 LITER SAUCE

1/2 l Fischfond (siehe nebenstehendes Rezept)
1/4 l Sahne
100 g Butter
2 EL Zitronensaft
Salz, Pfeffer

FÜR DIE MEHLSCHWITZE:
1 EL Mehl
15 g Butter

Fischfond und Sahne in eine Stielkasserolle geben und bei mäßiger Hitze um zwei Drittel einkochen lassen.

15 g Butter in einem Topf zerlassen und das Mehl zugeben. Bei schwacher Hitze so lange rühren, bis die Mehlschwitze goldgelb ist. Mit dem reduzierten Fond aufgießen und so lange weiterrühren, bis die Sauce schön sämig ist.

Mit Salz, Pfeffer und Zitronensaft abschmecken.

Die Butter in große Würfel schneiden. Die Sauce in eine Rührschüssel füllen und die Butter mit dem Pürierstab einarbeiten. So erhalten Sie eine schöne Samtsauce. Sofort servieren.

GRUNDREZEPTE

Brotteig mit Milch

FÜR 2 KG TEIG

1 kg Mehl
200 g Butter
200 ml Milch
200 ml Wasser
3 Eier
20 g Salz
50 g Zucker
20 g Trockenhefe

Den Hefeteig zubereiten: 50 g Mehl in eine Schüssel geben. 50 ml Wasser und die Hefe dazugeben. Alles vermischen und an einem warmen Ort 1 Stunde gehen lassen.
Wenn der Hefeteig fertig ist, restliches Mehl in eine große Schüssel geben. In die Mitte eine Mulde drücken und das restliche Wasser, die Milch, die Eier, Salz, Zucker, Butter und den Hefeteig dazugeben. Zuerst mit einem Holzspatel vermischen, dann kräftig mit den Händen kneten, bis ein weicher Teig entstanden ist, der sich gut von den Fingern löst.
Den Teig an einem warmen Ort gehen lassen, bis er sein Volumen verdoppelt hat. Nun ist er fertig zur weiteren Verarbeitung.

Englische Creme

FÜR ETWA 2 LITER

1 l Milch
10 Eigelb
200 g Zucker
2 Vanilleschoten

Die Vanilleschoten der Länge nach halbieren und mit der Milch in eine Stielkasserolle geben. Zum Kochen bringen.
Eigelb und Zucker in einer anderen Kasserolle mit dem Schneebesen verrühren und die kochende Milch daraufgießen. Bei geringer Hitze unter ständigem Rühren weiter erhitzen, bis die Creme dicklich wird und einen Kochlöffel überzieht. Sie darf jedoch auf keinen Fall kochen.
Vom Herd nehmen und unter gelegentlichem Umrühren abkühlen lassen.

Konditorcreme

FÜR ETWA 2 LITER

1 l Milch
10 Eigelb
200 g Zucker
2 Vanilleschoten
100 g Mehl

Die Vanilleschoten der Länge nach halbieren und mit der Milch in eine Stielkasserolle geben. Zum Kochen bringen.
Eigelb und Zucker in einer anderen Kasserolle mit dem Schneebesen verrühren. Das Mehl zugeben und unterrühren. Die kochende Milch aufgießen und unter ständigem Rühren mit einem Holzspatel bei schwacher Hitze noch ein paar Mal aufkochen lassen, bis die Creme sämig ist.
Vom Herd nehmen und unter gelegentlichem Umrühren abkühlen lassen.

Dank an

Christophe Fischer, Chef-Patissier, für seine Beiträge bei der
Bearbeitung der traditionellen Elsässer Dessert- und Gebäckrezepte.

Anita Hausser, die die von der jüdischen Küche inspirierten
Rezepte bearbeitete.

Bildnachweis

La photothèque culinaire, p. 8, 16-17, 49 oben.
Cuisine et Vins de France, p. 72.

Register

Suppen

Austernsuppe mit Brunnenkresse 14

Flußkrebssuppe mit Kräutern
und Gewürzen 19

Gänsekraftbrühe mit Kürbis
und Kräuter-Gänseschmalz-Klößen . . . 15

Kartoffel-Lauch-Suppe mit frischer
schwarzer Trüffel 18

Kressesamtsuppe mit Perlgraupen
und Kalbsbries 14

Vorspeisen

Blutwurst mit Äpfeln und Zwiebeln
im Blätterteig 27

Flammenkuchen 22

Gänsebrustsalat mit grünen Linsen
und Gänsestopfleber 33

Getrüffelte Gänseleberterrine 24

Kartoffelsalat mit Löwenzahnblättern
und zwei Heringen 36

Kleine Munster-Pastete mit Kümmel
und Lauch 40

Kleiner Baeckeoffa mit frischen Trüffeln . 41

Kräuterquiche mit Schnecken 41

Kümmel-Kartoffeln mit Munster 38

Lauwarmer Salat von Schweinebäckchen
auf Linsen mit Gänseleber 34

Leberklößchen 45

Preßkopf auf Elsässer Art 43

Räucherlachs 37

Salat mit Kutteln, Gänseleber
und dicken Bohnen 44

Salat mit Rehfilet und Waldpilzen 28

Salat von der Gans mit rohem
Sauerkraut, Gänseleber und Speck . . . 36

Schäufele-Terrine mit Kartoffeln
und Merrettichsauce 26

Spargel im Blätterteig
mit frischen Morcheln und Rühreiern . . 30

Trüffel in Kartoffelkruste 24

Fische und Flußkrebse

Aalterrine 54

Auf Heu gebratene Aale
mit Kräuterbutter 48

Fischtopf mit Weißwein 50

Flußkrebsragout mit Perlgraupen
und Kalbskopf 56

Fritierter Aal »Joseph Molteni« 55

Fritierter Karpfen auf Sundgauer Art . . 55

Gebratener Lachs mit Knoblauch
und Speck 52

Gebratenes Störfilet auf Sauerkraut
mit Kaviarsahne 59

Karpfen im Gelee mit Gewürzen 51

Zanderfilet mit Merrettich und Gurke . . 58

Fleisch

Eingelegte weiße Rübchen	71
Eintopf aus dreierlei Fleisch	62
Geschmorte Rinderbäckchen mit Spätburgunder	68
Geschmorte Schweinshaxe mit grünen Linsen	67
Sauerkraut auf Elsässer Art	63
Suppeneintopf auf Elsässer Art	66

Geflügel

Gänseeintopf mit gefülltem Wirsing und Trüffelbutter	78
Gefüllte Gans mit Maronen	74
Hähnchen in Riesling	78
Taubenkoteletts mit Wirsing und Trüffeln	76

Wild und Wildgeflügel

Fasanenbrüste mit gefülltem Kohl	85
Gebratene Rebhühner mit Schalotten	94
Gebratener Fasan »Smettana«	82
Gedämpftes Rehfilet mit Wirsing	88
Glasierte Stockente mit Gewürzen	92
Hasenrücken und -keulen mit Rotkohl und Renetten	91
Pot-au-feu vom Wild mit würzigem Quitten-Apfel-Kompott	86
Rebhuhntorte mit Gänsestopfleber	94

Gemüse und Beilagen

Frische Nudeln auf Elsässer Art	103
Gedünstete Kartoffeln nach Art des Münstertals, mit Oliven und Thymian aromatisiert	106
Grünkern-Risotto mit Steinpilzen	98
Hopfensprossentorte	107
Kartoffeln in Brühe	99
Kartoffelplätzchen	104
Mais-Getreide-Plätzchen	104
Rotkohl mit Feigen	103
Spätzle auf Elsässer Art	102
Steckrüben mit gepökelter Schweinebrust	98

Desserts und Gebäck

Apfelstrudel	125
Birne in Knusperhülle mit Zichorieneis	127
Früchtebrot	120
Fruchtgelee	130
Gefüllte Fastnachtsküchlein	110
Gugelhupf	113
Hefekeulchen	111
Kalte Zabaione von Gewürztraminer	116
Kastanienmousse	131
Kirschen in der Knusperhülle mit Rotwein	128
Kleiner heißer Rhabarberstrudel mit Sorbet	126

REGISTER

Lauwarmer Zwetschgen-
Blätterteigkuchen 120

Lebkuchen-Charlotte
mit getrockneten Früchten 114

Quarksoufflé 117

Quittensorbet 118

Quittenstrudel mit Sorbet
und Hagebuttensauce 124

Rosinengratin
mit Gewürztraminer-Trester 121

Sorbet von Lindenblütenblättern
und Gewürztraminer 116

Vanillecreme mit Honigkuchen . . . 131

Weinbergpfirsiche mit Elsässer
Spätburgunder und Zimteis 118

Zimtkuchen 111

Elsässer Weine und Branntweine . . . 132

Grundrezepte

Brotteig mit Milch 137

Englische Creme 137

Fischfond 136

Geflügelfond 135

Kalbsfond 135

Konditorcreme 137

Weißweinsauce 136

Wildfond 135